# Transtorno do déficit de atenção e hiperatividade

EDITORA AFILIADA

Volume 3
Coleção *Educação & Saúde*

Dados Internacionais de Catalogação na Publicação (CIP)
(Câmara Brasileira do Livro, SP, Brasil)

Muszkat, Mauro
  Transtorno do déficit de atenção e hiperatividade / Mauro Muszkat, Monica Carolina Miranda, Sueli Rizzutti. — São Paulo : Cortez, 2012.
  — (Coleção educação e saúde ; v. 3)

Bibliografia.
ISBN 978-85-249-1757-8

1. Crianças com transtorno de déficit de atenção 2. Transtorno de déficit de atenção com hiperatividade I. Miranda, Monica Carolina. II. Rizzutti, Sueli. III. Título. IV. Série.

12-05598

CDD-618.928589
NLM-WS 350

**Índices para catálogo sistemático:**
1. Transtorno de déficit de atenção com hiperatividade : Neuropsiquiatria infantil : Pediatria : Medicina   618.928589

Mauro Muszkat
Monica Carolina Miranda
Sueli Rizzutti

# Transtorno do déficit de atenção e hiperatividade

1ª edição
4ª reimpressão

TRANSTORNO DO DÉFICIT DE ATENÇÃO E HIPERATIVIDADE
Mauro Muszkat • Monica Carolina Miranda • Sueli Rizzutti

*Capa:* aeroestúdio
*Revisão:* Marta Almeida de Sá
*Preparação de originais*: Jaci Dantas
*Composição:* Linea Editora Ltda.
*Coordenação editorial:* Danilo A. Q. Morales

Nenhuma parte desta obra pode ser reproduzida ou duplicada sem autorização expressa dos autores e do editor.

© 2011 by Autores

Direitos para esta edição
CORTEZ EDITORA
Rua Monte Alegre, 1074 – Perdizes
05014-001 – São Paulo – SP
Tel.: (11) 3864-0111   Fax: (11) 3864-4290
e-mail: cortez@cortezeditora.com.br
www.cortezeditora.com.br

Impresso no Brasil — outubro de 2023

*Dedicamos este livro aos nossos amigos colaboradores do NANI: Luzia Flavia Coelho, Deise Barbosa, Daniela Dias, Rita Rahne, Tatiane Kuntz, Maria de Fatima Dias, Sonia Palma, Solange Almeida.*

# Sumário

Apresentação da Coleção ................................................. 11

**1. Origem do problema** ................................................. 15
   O que é o transtorno do déficit de atenção e
   hiperatividade? ........................................................... 15
   Primeiras referências .................................................... 16

**2. Como a questão tem sido tratada** ............................. 27
   Diagnosticando o TDAH ............................................ 27
   Algumas críticas ao DSM-IV ...................................... 30
   Questionários de avaliação .......................................... 31
   Frequência do TDAH ................................................. 32
   Causas do TDAH ....................................................... 35
   Papel dos genes .......................................................... 38
   Genes e TDAH .......................................................... 39
   Genes ou modulação parental? .................................... 41

3. **De que maneira um transtorno de predisposição genética sofre modulações do meio ambiente?**  ........................................... 43

   Atenção — Bases conceituais e neurobiológicas ....... 45
   Neuropsicologia da atenção ..................................... 46
   Atenção voluntária e involuntária ........................... 52
   Bases neuroanatômicas da atenção .......................... 54
   Ontogênese da atenção ............................................ 54
   Neurotransmissores e TDAH ................................... 56
   Circuitos anatômicos e TDAH ................................. 58
   Neuroimagem e TDAH ............................................ 61
   Síntese ..................................................................... 62

4. **Espectro cognitivo e comportamental do TDAH** ............................................................. 64

   TDAH e recompensa ................................................ 67
   Variações nos ciclos da vida ..................................... 68

5. **Avaliação neuropsicológica** ............................... 72

   Avaliação neuropsicológica da atenção .................... 75
   Avaliação da atenção seletiva ................................... 75
   Avaliação da atenção sustentada .............................. 76
   Comorbidades .......................................................... 78

6. **TDAH e transtornos de aprendizagem** ............ 79

   TDAH e transtornos de ansiedade ........................... 80
   TDAH e depressão .................................................... 81

TDAH e transtorno bipolar ............................................. 83
TDAH e transtorno desafiante de oposição (TOD)
e transtorno de conduta (TC) ...................................... 85
TDAH e distúrbio do desenvolvimento da
coordenação ................................................................. 88

7. **Outras alternativas para o tratamento do
TDAH — ômega-3** ............................................... 90
Tratamento não farmacológico .................................... 91
Por que e o que são essas técnicas ............................... 94
Terapia cognitivo-comportamental ............................. 97
O treino de atenção com o Pay Attention! ................. 99
Treino de memória operacional ................................. 101
Intervenção com a família .......................................... 101

8. **Impacto do TDAH no desempenho escolar** ... 111
Algumas orientações para o professor ....................... 114

9. **Considerações finais: dialogando com
professores e pais** .................................................. 123
Multidimensionalidade ............................................... 123

O que você não deve deixar de ler ..................................... 127

Referências bibliográficas .................................................... 129

# Apresentação da Coleção

A Coleção Educação e Saúde tem por objetivo estabelecer diálogo entre pesquisadores do Programa de Pós-Graduação em Educação e Saúde na Infância e na Adolescência, da Universidade Federal de São Paulo, e educadores e professores que atuam com crianças e adolescentes no âmbito da educação básica.

O conjunto de títulos que o leitor encontra nesta Coleção reúne investigadores cujas pesquisas e publicações abrangem de forma variada os temas infância e adolescência e que trazem, portanto, experiência acadêmica relacionada a questões que tocam direta e indiretamente o cotidiano das instituições educacionais, escolares e não escolares.

O diálogo entre os campos da Educação e Saúde tornou-se necessário à medida que os desafios educacionais presentes têm exigido cada vez mais o recurso da abordagem interdisciplinar, abordagem essa necessária para oferecer alternativas às tendências que segregam os chamados problemas de aprendizagem em explicações monolíticas.

A educação dos educadores exige esforços integradores e complementares para que a integridade física, social, emocional e intelectual de crianças e adolescentes com os quais lidamos diariamente não permaneça sendo abordada com reducionismos.

Percebemos com frequência a circulação de diagnósticos que reduzem os chamados problemas educacionais a um processo de escolha única, sem alternativas integradoras.

Em relação aos chamados problemas educacionais, na maioria das vezes as opções formativas ou são devedoras de argumentos clínicos ou são devedoras de argumentos socioeconômicos, mas predominantemente esses universos são apresentados como realidades que não devem se comunicar, tornando a opção por um a imediata exclusão do outro.

As desvantagens pessoais e sociais de crianças e adolescentes estão diariamente desafiando professores e educadores em geral. Abordar de forma objetiva e integrada o complexo tema dos chamados problemas físicos, emocionais, intelectuais e sociais que manifestamente interferem na vida escolar de crianças e adolescentes é o desafio desta Coleção.

Esse desafio nos levou a trazer para a Coleção um repertório de temas que contempla os problemas sociais de alunos pobres; os chamados déficits de atenção; as várias formas de fracasso escolar; as deficiências em suas muitas faces; as marcas do corpo; a sexualidade; a diversidade sexual; a interação entre escola e família; a situação dos alunos gravemente enfermos; as muitas formas de violência contra a criança e entre crianças; os dramas da drogadição; os desafios da aquisição de linguagem; as questões ambientais e vários outros temas conexos que foram especialmente mobilizados para este projeto editorial.

A mobilização desses temas não foi aleatória. Resultou do processo de interação que o Programa tem mantido com as redes públicas de ensino de São Paulo. E tem sido justamente essa experiência a grande fiadora da certeza de que os problemas educacionais de crianças e adolescentes não são exclusivamente clínicos, nem exclusivamente sociais. Pensemos nisso.

Por isso, apresentamos a Coleção Educação e Saúde como quem responde a uma demanda muito consistente, que nos convida a compartilhar estudos sobre a infância com base naquilo que de mais rico a interdisciplinaridade tem a oferecer.

MARCOS CEZAR DE FREITAS
Coordenador da Coleção

# 1
# Origem do problema

## O que é o transtorno do déficit de atenção e hiperatividade?

O transtorno do déficit de atenção e hiperatividade (TDAH) é um dos principais transtornos do desenvolvimento infantil. Caracteriza-se pela dificuldade na modulação da atenção, no controle dos impulsos e na capacidade que a criança tem de controlar seu próprio nível de atividade motora, planejando seus objetivos e estratégias de ação. De acordo com estudos epidemiológicos atuais, assume uma estimativa média em torno de 3% a 6% das crianças em idade escolar. Esta alta prevalência tem um consequente impacto em todas as esferas do neurodesenvolvimento e nas interações psicossociais da criança, incluindo a sua rede familiar, a escola, amigos, bem como repercute na formação da identidade relacionada ao sentido de competência e autoestima.

É importante termos em vista que o TDAH, em grande parte, associa-se a outros problemas como as dificuldades de aprendizagem, os transtornos de humor, de ansiedade e vários problemas comportamentais. Tais comorbidades não apenas ampliam a dimensão de impacto do transtorno como também nos colocam diante de desafios diagnósticos, que só podem ser abordados dentro de uma perspectiva interdisciplinar. Neste texto, faremos nossa exposição em tópicos relacionados com as bases biológicas, com o contexto clínico, neuropsicológico e com as estratégias de tratamento medicamentoso e de reabilitação, incluindo aspectos ligados à educação e ao manejo no ambiente familiar.

Os critérios diagnósticos do TDAH envolvem a delimitação de uma tríade sintomática de desatenção, hiperatividade e impulsividade. Assim caracteriza-se pela composição dos três principais sinais cardinais como: falta de atenção, inquietude, dificuldade de inibir emoções e comportamentos (controle inibitório); traduzidos por um aumento de comportamentos impulsivos. Embora grande parte das crianças apresente sintomas tanto de desatenção quanto de hiperatividade-impulsividade, existem casos nos quais há predominância de um ou de outro padrão.

Embora o TDAH seja um diagnóstico médico, muitas vezes é suspeitado pelos pais ou por vários outros profissionais, incluindo professores, pedagogos, psicólogos, até o encaminhamento objetivo para o diagnóstico que se baseia em critérios sintomatológicos definidos, mas cuja expressão de sutileza depende de uma avaliação interdisciplinar mais complexa, uma vez que não existe um marcador biológico inequívoco ou um exame complementar que defina o diagnóstico.

## Primeiras referências

A visão atual do TDAH como um transtorno multidimensional complexo tem origem antiga e denominações diversas nos vários períodos da história. Faremos uma breve revisão sobre a evolução dos conceitos e abordagens nestas fases.

A inquietude, a distração e a impulsividade foram descritas pelo escritor e médico alemão Heinrich Hoffman em 1865, em seu poema sobre um garoto irriquieto. A primeira abordagem científica, no entanto, só apareceu em 1902, quando o médico britânico George Still descreveu crianças impetuosas, agressivas e desafiadoras que apresentavam pouca volição inibitória e necessitavam de gratificações imediatas para seu comportamento, sendo suscetíveis à crueldade e ao desvio moral, uma vez que não se importavam com as punições, pois repetiam as mesmas infrações em questões de horas. Estes primeiros relatos de crianças irriquietas e impulsivas estavam impregnados do olhar advindo da doutrina do darwinismo social que, no final do século XIX, era bem aceita na comunidade científica e atribuía vários comportamentos desviantes a falhas morais inatas.

William James (1890/1950) argumentava que a atenção seria um elemento central no controle moral do comportamento, uma vez que tal controle ocorreria devido a uma comparação cognitiva ou consciente da atividade volitiva do indivíduo com o bem comum, aspecto que denominou de "consciência moral". Para estes autores, tal defeito daria origem a falhas na relação cognitiva com o ambiente e uma dificuldade no controle instintivo. Propôs, assim, uma predisposição biológica a esse comportamento que por vezes era hereditária e que, em algumas crianças, resultava de lesões pré ou pós-natais.

A associação de comportamentos impulsivos e irriquietos com lesão cerebral foi reforçada no período de 1917 a 1918, época em que ocorreu o surto de encefalite epidêmica na América do Norte. Neste surto muitas crianças ficaram com sequelas comportamentais que incluíam limitação da atenção, da regulação dos impulsos, da memória, sendo por vezes socialmente comprometidas no que se refere à interação social e altos níveis de agressividade. Algumas crianças eram afastadas de casa para serem tratadas e obtinham melhora com programas de modificação comportamental.

Posteriormente, a partir da década de 1930, a origem biológica da hiperatividade estendeu-se para outras infecções como o sarampo e também para agentes tóxicos como os verificados na intoxicação por chumbo, para lesões associadas à epilepsia e a traumatismos cranianos. Levin (1938) observou que a inquietação grave em crianças podia ser também resultado de defeitos na estrutura do cérebro em suas porções mais anteriores. Embora a presença de lesões cerebrais fosse, segundo esta visão, a principal causa, referiam também que formas mais leves de hiperatividade eram associadas a causas psicológicas como por exemplo uma educação inadequada e um ambiente parental de poucas regras.

Strauss e Lehtinen (1947) argumentavam que as perturbações psicológicas associavam-se a sinais neurológicos que evidenciavam lesão cerebral estrutural. No entanto, a ausência de evidências de lesões identificadas levou ao conceito de "lesão cerebral mínima" e finalmente "disfunção cerebral mínima" (DCM) nas décadas de 1950 e 1960, baseadas em achados neurológicos e psicológicos de disfunção em funções motoras, de equilíbrio dinâmico, da modulação de funções perceptivas e do controle inibitório, que é a capacidade de frear comportamentos instintivos. Esses autores fizeram recomendações sobre a educação dessas crianças, como as de colocá-las em salas de aula menores e reduzir a quantidade de estímulos no ambiente.

Os primeiros artigos sobre o tratamento medicamentoso da chamada hiperatividade surgiram de 1937 a 1941, com os chamados estimulantes. Tais medicamentos usados na época para pessoas com cefaleia estavam associados a uma melhora importante nos sintomas comportamentais e no desempenho escolar das crianças agitadas.

Laufer e colaboradores (1957) conduziram um estudo sobre o mecanismo neurológico dos sintomas de crianças com um transtorno de impulso hipercinético, e que a deficiência ocorria na área talâmica, onde haveria pouca filtração dos estímulos, levando a um excesso de estímulos conduzidos ao cérebro.

No período de 1960 a 1969, o termo "disfunção cerebral mínima" (DCM) foi substituído por termos mais específicos aplicados a transtornos cognitivos, de aprendizagem e comportamentais, incluindo dislexia, dificuldades de aprendizagem, transtornos de linguagem e hiperatividade. Esses déficits descreviam a sintomatologia observada, em vez do mecanismo etiológico. Na década de 1970, os medicamentos estimulantes estavam se tornando o tratamento de escolha para crianças com disfunção cerebral mínima e hiperatividade, termo corrente da literatura da época.

A partir da década de 1970, o conceito de DCM foi substituído pelo de hiperatividade. Neste sentido, a ênfase voltou-se para o sintoma mais característico do transtorno, a agitação psicomotora. Uma criança era considerada hiperativa quando conduzia suas atividades a uma velocidade acima do normal e estava sempre em movimento. Nesse período, alguns aspectos biológicos foram atribuídos como predisponentes causais, atenuando assim a influência ambiental e de certa forma evitando culpabilizar os pais pelos sintomas da criança.

A definição de hiperatividade apareceu na nomenclatura diagnóstica oficial a partir da segunda edição do *Manual Diagnóstico e Estatístico de Transtornos Mentais* (DSM-II, American Psychiatric Association, 1968). Nesse manual conceituava-se que o transtorno de hiperatividade se caracterizava por inquietação, distração e uma pobre capacidade atencional, em especial nas crianças pequenas. Afirmavam também que esse comportamento desapareceria na adolescência.

Enquanto na América do Norte a hiperatividade era considerada como um transtorno comportamental, não associado necessariamente a alterações estruturais cerebrais, os europeus acreditavam que o quadro estava sempre associado à lesão cerebral, não havendo uma reaproximação destas visões até aproximadamente a metade da década de 1980. No período de 1970 a 1979, a hiperatividade tornou-se um tema de grande atenção científica com muitas publicações de artigos e livros. No Brasil, na década de 1970, os estudos normativos sobre o desenvolvimento infantil, de Antonio Branco Lefevre (exame neurológico evolutivo), apoiavam-se na descrição de um padrão de desvios neurológicos sutis, apoiado no conceito de DCM.

Wender (1971) descreveu as características essenciais em crianças com disfunção cerebral mínima, incluindo disfunções do comportamento motor, do funcionamento perceptivo-cognitivo e da atenção. Tais disfunções repercutiam tanto na capacidade de aprendizagem da criança como na expressão comportamental traduzida por pobre controle de impulsos e desajustes nas relações interpessoais e na autorregulação das emoções.

Virginia Douglas (1972) observou que a dificuldade no controle dos impulsos era o traço mais marcante que caracterizava estas crianças e não necessariamente a hiperatividade. Observou também que a testagem relacionada ao controle da vigilância e da atenção prolongada mostrava nítida melhora após o tratamento com estimulantes. Quatro déficits, segundo a autora, poderiam explicar os sintomas principais: falhas no investimento, organização e manutenção da atenção e do esforço, inibição das respostas impulsivas; modulação dos níveis de excitação cerebral insuficientes para satisfazer às demandas situacionais; e inclinação para buscar reforço e recompensa imediata.

A influência destes conceitos se constituiu em uma das principais razões pelas quais o transtorno foi renomeado como transtorno do déficit de atenção (TDA) em 1980, com a publicação do DSM-III. Neste período, evidências mostravam que a hiperatividade não era específica desta condição e de que não havia uma delineação clara entre crianças consideradas com níveis "normais" e "anormais" de atividade motora, e que, portanto, a hiperatividade era na verdade um constructo multidimensional, isto é, que pode estar presente em menor grau e intensidade em crianças sem o transtorno. Essa abordagem perdurou na literatura por aproximadamente dez anos.

Com relação ao uso de medicamentos estimulantes para crianças hiperativas, houve registro, na literatura, de um aumento da utilização destes nos mais de 120 estudos publicados até 1976. Ao mesmo tempo, uma visão alternativa corrente contestava a origem biológica do TDA, afirmando que a hiperatividade foi criada por professores e pais intolerantes e um sistema educacional inadequado e que "drogar" crianças com hiperatividade era medicalizar um problema de base social e multicausal. Ainda neste período, a hiperatividade era atribuída, segundo alguns autores, a causas ambientais, incluindo corantes, conservantes, salicilatos e até açúcar refinado, mudanças ambientais relacionadas ao avanço tecnológico em um ritmo acelerado e contexto familiar disfuncional, embora o mecanismo de ação destes eventos não tenha sido especificado ou comprovado. O treinamento parental no controle do comportamento infantil foi cada vez mais recomendado como terapia, embora não houvesse estudos controlados sobre a sua eficácia na época.

Tornou-se obrigatório proporcionar programas a todas as crianças com dificuldades de aprendizagem, perturbações emocionais-comportamentais, transtornos de linguagem, deficiências físicas e motoras em todas as escolas públicas dos Estados Unidos pela Lei n. 94-142 (1975); havia certo consenso de que as drogas estimulantes deveriam ser usadas combinadas com o treinamento parental e as medidas comportamentais em sala de aula.

Escalas de avaliação para professores e pais foram disseminadas (Conners, 1969) e, por 20 anos, essas escalas foram o padrão ouro para a avaliação de sintomas de hiperatividade. O interesse pela existência de hiperatividade em adultos ocorreu na década de 1970, principalmente pela existência de estudos que mostravam a persistência de sintomas após a adolescência. A primeira avaliação científica que mostra a eficácia de estimulantes neste período foi realizada por Wood e colaboradores (1976).

Com a *Classificação Internacional de Doenças*, 9ª edição (CID-9, 1978), o transtorno de desatenção e hiperatividade começava a ser reconhecido na Europa. A década de 1980 foi marcada por inúmeros artigos, conferências, critérios diagnósticos, tornando a hiperatividade o transtorno psiquiátrico mais bem estudado da época. A publicação do DSM-III (American Psychiatric Association, 1980), mostrava um novo conceito para transtorno de déficit de atenção com e sem hiperatividade, abandonando os termos da síndrome hipercinética.

---

**Critérios diagnósticos do DSM-III para transtornos de déficit de atenção com e sem hiperatividade**

**A) Desatenção.** Pelo menos três dos seguintes:
1) com frequência não consegue terminar tarefas que começa
2) com frequência parece não escutar
3) distrai-se facilmente
4) tem dificuldade para se concentrar em trabalhos escolares ou em outras tarefas que exijam atenção prolongada
5) tem dificuldade para se ater em atividade lúdica

**B) Impulsividade.** Pelo menos três dos seguintes sintomas:
6) com frequência age antes de pensar
7) muda excessivamente de uma atividade para outra

8) tem dificuldade para organizar o trabalho (isso não se deve a limitações cognitivas)
9) precisa de muita supervisão
10) fala com frequência na classe
11) tem dificuldade para esperar a sua vez em jogos ou em situações de grupo

C) **Hiperatividade.** Pelo menos dois dos seguintes sintomas:
12) corre ou escala objetos excessivamente
13) tem dificuldade para ficar sentado ou se mexe excessivamente
14) tem dificuldade para permanecer sentado
15) mexe-se excessivamente durante o sono
16) sempre está "saindo" ou age como se "movido por um motor"

D) **Início antes dos 7 anos**
E) **Duração de pelo menos 6 meses**
F) **Não se deve à esquizofrenia, ao transtorno afetivo, ou retardo mental grave ou profundo.**

Na revisão do DSM-III-R (American Psychiatric Association, 1987), foram reformulados critérios diagnósticos para TDA +H, que se tornou TDAH.

**Critérios diagnósticos do DSM-III-R para o transtorno de déficit de atenção/hiperatividade**

A) **Uma perturbação de pelo menos 6 meses, durante os quais pelo menos oito dos seguintes critérios estejam presentes:**
1) mexe com as mãos ou os pés ou agita-se no assento (em adolescentes, pode se limitar a sentimentos subjetivos de inquietação)
2) tem dificuldade de permanecer sentado quando lhe pedem
3) distrai-se facilmente com estímulos externos
4) tem dificuldade para esperar a vez em jogos ou situações de grupo

5) frequentemente responde a questões antes de serem concluídas
6) tem dificuldade para seguir instruções de outras pessoas (não devida a comportamento de oposição ou falta de compreensão), por exemplo, não termina deveres
7) tem dificuldade para manter a atenção em tarefas ou atividades lúdicas
8) muda com frequência de uma atividade para outra
9) tem dificuldade para brincar em silêncio
10) costuma falar excessivamente
11) costuma interromper os outros, por exemplo, metendo-se nos jogos de outras crianças
12) parece não ouvir o que está sendo dito
13) perde itens necessários para tarefas ou atividades na escola ou em casa (por exemplo, brinquedos, lápis, livros, tarefas)
14) muitas vezes envolve-se em atividades fisicamente perigosas sem considerar as consequências possíveis (não para o propósito de buscar emoção)

Obs. Os itens anteriores são listados em ordem descendente de poder discriminatório, com base nos dados de um teste de campo nacional sobre os critérios do DSM-III-R para transtornos comportamentais disruptivos.

**B) Início antes dos 7 anos**

**C) Não satisfaz aos critérios para transtorno global do desenvolvimento**

**Critérios para gravidade do transtorno de déficit de atenção/hiperatividade:**

Leve: há poucos ou nenhum sintoma além dos exigidos para o diagnóstico e apenas comprometimentos mínimos ou nenhum no funcionamento escolar e social

Moderado: há sintomas ou comprometimentos funcionais intermediários entre " leve" e "grave"

Grave: há muitos sintomas além dos exigidos para fazer o diagnóstico, bem como comprometimentos globais do funcionamento em casa e na escola e com os amigos.

Barkley (1982) propôs uma definição mais operacional do agora denominado TDAH, que inclui, além das queixas usuais dos pais e professores, a adaptação aos padrões adequados para a idade mental da criança, conforme mensurado por escalas padronizadas de avaliação do comportamento infantil. Também definiu-se a idade de início antes dos 7 anos de vida e a duração dos sintomas de pelo menos 12 meses. Nessa década, estabeleceu-se que muitas das consequências negativas da hiperatividade na adolescência e na idade adulta se deviam à associação (comorbidade) com sintomas de agressividade.

O consenso de 1988 propunha que as crianças selecionadas para a pesquisa deveriam cumprir os seguintes critérios: relatos realizados por adultos de problemas com o comportamento agitado e desatento das crianças em pelo menos dois ambientes independentes (casa, escola, clínica), pelo menos três entre quatro dificuldades com o comportamento agitado e três entre quatro com a atenção, início antes dos 7 anos, duração de dois anos, escores elevados em avaliações de pais e professores para esses sintomas de TDAH, e exclusão de crianças com autismo e psicose.

O TDAH foi considerado um déficit motivacional sustentado por pesquisas que mostravam a variabilidade situacional da atenção, como também pela concordância com estudos neuroanatômicos que sugeriam menor ativação dos centros de recompensa cerebrais. A partir daí, qualquer tentativa de construir teorias deveria incorporar os processos cerebrais para lidar com a motivação e o reforço.

Maior número de pesquisas sobre o impacto socioecológico dos sintomas do TDAH em crianças, seus pais, professores, irmãos e em outras crianças também surgiram na década de 1980. Essa década foi marcada por avanços teóricos em que Gray identificou um sistema de inibição comportamental (SIC) e um sistema de ativação comportamental (SAC), nos quais os sinais das gratificações servem para aumentar a atividade no SAC, abrindo caminho para o comportamento de aproximação, e os sinais de punições, bem como a ausência de gratificações, aumentam a atividade do SIC.

O conceito atual considera que a base do TDAH é de natureza neurobiológica, genética e neuroquímica, mas que a expressão dos padrões herdados é também modulada pelo ambiente. Sabe-se hoje que o próprio ambiente modifica a expressão de padrões endógenos (endofenótipos), levando à grande heterogeneidade de apresentação clínica e a diferentes influências de diferentes ambientes e estressores. Daí a variabilidade dos sintomas e a natureza multidimensional do TDAH. Neste sentido, é imprescindível um olhar amplo interdisciplinar que inclua as influências e variáveis ambientais, educacionais, familiares e culturais na expressão e na conceituação do transtorno.

# 2
# Como a questão tem sido tratada

## Diagnosticando o TDAH

Diagnosticar o TDAH é uma tarefa complexa e requer experiência e maturidade. Uma vez que não existem exames complementares que por si só diagnostiquem tal transtorno, seu diagnóstico apoia-se na combinação cuidadosa da observação e dos dados da história clínica e das repercussões dos sintomas comportamentais na rede relacional da criança. A avaliação do desempenho da criança em testes neuropsicológicos e medidas fisiológicas da atenção, do controle inibitório, da organização e do planejamento de tarefas é fundamental, uma vez que, como dissemos, o diagnóstico é interdisciplinar. Neste sentido, é também de extrema relevância os relatos e depoimentos de familiares, professores e/ou pessoas da rede social da criança. Assim, durante a entrevista diagnóstica devem ser avaliados não só os sintomas, mas fundamentalmente a intensidade e o grau de prejuízo das funções adaptativas que tais sintomas condicionam. É essencial procurar, através de uma anamnese sensível e atenta, delimitar o contexto familiar e educacional envolvidos com os sintomas.

A história de queixas semelhantes em familiares deve ser cuidadosamente pesquisada dada a predisposição genética do transtorno. Além disso, uma anamnese adequada deve incluir aspectos ligados às mudanças no ciclo de vida da criança e da família. O levantamento dos diferentes estressores psicossociais que a criança enfrenta ou enfrentou como, por exemplo, conflitos conjugais, separação, exposição à violência ou doença psiquiátrica nos pais ou familiares que convivem com a criança devem ser investigados.

É de suma importância a delimitação da idade em que apareceram os sintomas, uma vez que, sendo uma condição neurobiológica, tem início precoce, habitualmente antes dos 6 anos de vida, mas pode ser percebido pelos pais apenas quando a criança enfrenta os desafios no convívio com outras crianças, nas disfunções cognitivas e/ou comportamentais observadas no período escolar.

Os critérios diagnósticos sintomatológicos listados pelo DSM IV-TR envolvem a tríade sintomática da desatenção, da hiperatividade e da impulsividade.

O DSM-IV classifica o TDAH em três subtipos ou fenótipos comportamentais distintos: predominantemente desatento, predominantemente hiperativo/impulsivo e tipo combinado (APA, 1994, tabela a seguir).

---

**DSM IV-TR**

**A) Ou (1) ou (2)**

1) seis ou mais dos seguintes sintomas de *desatenção* persistiram por pelo menos 6 meses, em grau mal-adaptativo e inconsistente com o nível de desenvolvimento:

   **Desatenção:**
   ( ) frequentemente deixa de prestar atenção a detalhes ou comete erros por descuido em atividades escolares, de trabalho ou outras
   ( ) com frequência tem dificuldades para manter a atenção em tarefas ou atividades lúdicas
   ( ) com frequência parece não escutar quando lhe dirigem a palavra

( ) com frequência não segue instruções e não termina seus deveres escolares, suas tarefas domésticas ou seus deveres profissionais (não devido a comportamento de oposição ou incapacidade de compreender instruções)
( ) com frequência tem dificuldade para organizar tarefas e atividades
( ) com frequência evita, antipatiza ou reluta a envolver-se em tarefas que exijam esforço mental constante (como tarefas escolares ou deveres de casa)
( ) com frequência perde coisas necessárias para tarefas ou atividades (por exemplo, brinquedos, tarefas escolares, lápis, livros ou outros materiais)
( ) é facilmente distraído por estímulos alheios à tarefa
( ) com frequência apresenta esquecimento em atividades diárias
2) seis (ou mais) dos seguintes sintomas de *hiperatividade* persistiram por pelo menos 6 meses, em grau mal-adaptativo e inconsistente com o nível de desenvolvimento:

**Hiperatividade**:
( ) frequentemente agita as mãos ou os pés ou se remexe na cadeira
( ) frequentemente abandona sua cadeira em sala de aula ou outras situações nas quais se espera que permaneça sentado
( ) frequentemente corre ou escala em demasia, em situações nas quais isto é inapropriado
( ) com frequência tem dificuldade para brincar ou se envolver silenciosamente em atividades de lazer
( ) está frequentemente "a mil" ou muitas vezes age como se estivesse "a todo vapor"
( ) frequentemente fala em demasia

**Impulsividade**:
( ) frequentemente dá respostas precipitadas antes de as perguntas terem sido completadas
( ) com frequência tem dificuldade para aguardar sua vez
( ) frequentemente interrompe ou se mete em assuntos de outros (por exemplo, intromete-se em conversas ou brincadeiras)

B) Alguns sintomas de hiperatividade-impulsividade ou desatenção que causaram prejuízo estavam presentes antes dos 7 anos de idade.

C) Algum prejuízo causado pelos sintomas está presente em dois ou mais contextos (por exemplo, na escola [ou no trabalho] e em casa).

D) Deve haver claras evidências de prejuízo clinicamente significativo no funcionamento social, acadêmico ou ocupacional.

E) Os sintomas não ocorrem exclusivamente durante o curso de um Transtorno Invasivo do Desenvolvimento, Esquizofrenia ou outro Transtorno Psicótico e não são melhor explicados por outro transtorno mental (por exemplo, Transtorno de Humor, Transtorno de Ansiedade, Transtorno dissociativo ou um transtorno de personalidade).

O critério A para o diagnóstico exige a presença de pelo menos seis entre nove sintomas de desatenção (tipo predominantemente desatento) ou pelo menos seis entre nove sintomas de hiperatividade/impulsividade (tipo predominantemente hiperativo/impulsivo).

Aqueles que apresentam pelo menos seis sintomas nos dois grupos recebem o diagnóstico de TDAH, tipo combinado. O critério B exige que alguns dos sintomas estejam presentes antes dos 7 anos de idade. O critério C exige que os prejuízos causados pelos sintomas afetem pelo menos duas áreas da vida do indivíduo, por exemplo, na escola e em casa. O critério D exige "clara evidência de prejuízo significativo no funcionamento social, acadêmico ou vocacional". O critério E determina que os sintomas não possam ser mais bem explicados por outro transtorno mental.

## Algumas críticas ao DSM-IV

O grupo de trabalho responsável pela elaboração dos critérios diagnósticos para o DSM-IV analisou um grupo de 380 crianças com TDAH com idade entre 4 e 17 anos, e os critérios atuais são baseados nesses achados. Nenhum adulto foi incluído, não há evidência de que esses sintomas sejam os que melhor definem as crianças mais velhas com TDAH; muitos desses sintomas são claramente inapropriados para o diagnóstico de adolescentes (correr e escalar em excesso, por exemplo). Os sintomas se transformam ao longo da vida, manifestando-se, em fases posteriores, de uma forma diferente.

Além de se transformarem, os sintomas também podem se reduzir em número (o que não quer dizer necessariamente que o prejuízo causado por eles diminua na mesma proporção).

A idade de início dos sintomas também tem sido alvo de crítica, já que não tem nenhuma base empírica ou científica sólida. Embora os critérios do DSM-IV tenham sido adaptados para diagnóstico de crianças mais velhas, diversas limitações permanecem. As principais razões para isso são as seguintes: efetivamente, quando estão presentes sintomas de hiperatividade/impulsividade, torna-se fácil identificá-los antes dos 7 anos de idade, mas quando se trata do tipo desatento, é difícil imaginar que os sintomas possam ser percebidos tão precocemente, considerando que a demanda ambiental por atenção ainda é pequena nessa idade. É preciso considerar ainda que, quando a questão é o diagnóstico de crianças maiores e adolescentes, este depende muito do autorrelato, e estes geralmente apresentam grande dificuldade para recordar informações da infância precoce relativas ao curso e à natureza dos sintomas e aos prejuízos.

Alguns autores têm proposto para o DSM-V que a idade de corte seja aumentada para 12 anos, outros defendem a ideia de simplesmente abolir esse critério.

## Questionários de avaliação

A delimitação diagnóstica não limita-se apenas aos critérios descritos, mas a uma ampla variedade de comportamentos que são observados em diferentes contextos que permitirão uma observação mais flexível e dinâmica da criança com TDAH.

Assim, as escalas de avaliação são úteis para aferir sintomas de TDAH e/ou detalhar este perfil sintomático, mas também isoladamente não são suficientes para confirmar ou refutar o diagnóstico, cujo alicerce, como referimos, deve ser a entrevista e exame clínico cuidadosos. As escalas, portanto, são ferramentas auxiliares no processo diagnóstico, podendo ser usadas também para a monitoração da resposta ao tratamento.

Para uso em crianças, há disponível em nosso meio a versão para a língua portuguesa do Brasil da Escala Conners Teacher Rating Scale, a Escala de Avaliação do Comportamento Infantil para o Professor (EACI-P) desenvolvida por Brito (2006) que avalia cinco áreas do comportamento: hiperatividade, funcionamento independente, inatenção, ansiedade e socialização.

Brito (1987) desenvolveu, ainda, normas para a população brasileira da escala abreviada, a CATRS-10 — Conners Abbreviated 10 — item Parent-Teacher Rating Scale — instrumento útil na seleção para pesquisas, de pacientes com hiperatividade.

Para uso em adultos, a escala mais recomendada é a ASRS (ADHD — Adult Symptoms Rating Scale), composta de 18 itens baseados nos critérios diagnósticos do DSM-IV. É recomendada pela Organização Mundial da Saúde, e sua validação em português encontra-se em andamento. Recentemente foi desenvolvido um instrumento para estudos populacionais de TDAH na população adulta, o ASRS-Screener, disponibilizado em português do Brasil pela OMS. Foi elaborado selecionando-se os seis itens de maior valor preditivo entre os dezoito itens da ASRS.

## Frequência do TDAH

O transtorno de déficit de atenção e hiperatividade (TDAH) tornou-se ao longo dos últimos 30 anos um dos transtornos do desenvolvimento mais bem estudados, e também suscetíveis de grandes polêmicas. Como podemos modular o comportamento infantil com medicamentos quando não temos marcadores objetivos e inequívocos de alteração cerebral? Hoje sabemos, após décadas de pesquisas bem conduzidas em diferentes culturas, que o TDAH não é uma criação conceitual para dar subsídios à medicalização de problemas sociais e psicológicos como os relacionados às dificuldades dos pais em colocar limites assertivos para seus filhos ou a terceirização dos cuidados da criança mais distante de um ambiente familiar nuclear com limites bem definidos. O TDAH é...

> ... o transtorno neurocomportamental mais comum na infância. É "um transtorno extremamente bem pesquisado e com validade superior à da maioria dos transtornos do desenvolvimento e com frequência superior a de muitas condições médicas". Tem causa neurobiológica e modulação ambiental múltipla.

A prevalência do TDAH varia nos diferentes países, bem como dentro de um mesmo país. Por exemplo, nos Estados Unidos, as taxas de prevalência estão entre 3% e 6%; na Nova Zelândia, entre 2% e 6,7%; na Alemanha, 8,7%; no Japão, 7,7%; na China, 8,9%; na Inglaterra, 1%; em Taiwan, 9%; e na Itália, 4%. Estas diferenças epidemiológicas residem precisamente na aplicação de diferentes critérios utilizados para a delimitação diagnóstica, uma vez que o TDAH envolve variáveis clínicas sobre o comportamento da criança na família e na escola.

A alta prevalência média de 5%, apesar das diferenças regionais, está associada a um grau elevado de convergência epidemiológica. Tal fato indica que o TDAH não é secundário apenas a fatores culturais, nem ao modo como os pais educam os filhos ou resultado de conflitos psicológicos.

Brown (2001) observou que é alta a prevalência em meninos, em torno de 9,2%, enquanto em meninas a taxa é de 3%.

A tabela a seguir mostra alguns dos principais estudos de prevalência realizados no Brasil.

| Estudos Brasileiros de Prevalência do TDAH | |
|---|---|
| Barbosa et al. (João Pessoa, 1997) | 3,3% (Escala de Conners) |
| Rohde et al. (Porto Alegre, 1999) | 5,8% (3,2%-10,6%) (DSM-IV) |
| Guardiola et al. (Porto Alegre, 2000) | 3,5%-3,9% (critérios neuropsicológicos) |
| Fleitlich-Bilyk et al. (Taubaté-SP, 2004) | 1,5% (0,6%-2,5%) (CID-10 diretrizes de pesquisa) |

Guardiola et al. (2000) pesquisaram a taxa de prevalência do TDAH em 484 estudantes do 1º grau, utilizando critérios diagnósticos do DSM-IV e neuropsicológicos. A taxa de prevalência foi de 18%, considerando os critérios do DSM-IV de 3,5%, considerando os critérios neuropsicológicos. A prevalência maior ocorreu entre crianças com 7 anos e 7 meses de idade. Esses autores sugerem que somente os critérios do DSM-IV superestimam os resultados, pois muitas crianças diagnosticadas pelo DSM-IV seriam excluídas pelos critérios neuropsicológicos. Relatam ainda que o TDA-H é mais prevalente em meninos quando se usa o DSM-IV, e esta diferença não é encontrada quando é usado o critério neuropsicológico.

Em estudo recente por nós realizado no NANI (Núcleo de Atendimento Neuropsicológico Infantil Interdisciplinar — Unifesp), 150 crianças, na faixa etária de 7 a 14 anos, com queixas de agitação, dificuldades de prestar atenção e/ou impulsividade que se enquadraram nos critérios de inclusão (pelo menos seis critérios estabelecidos pelo DSM-IV para hiperatividade e/ou seis para desatenção com início antes dos 7 anos), foram encaminhadas para atendimento multidisciplinar, que constava de avaliação médica, neuropsicológica, psicopedagógica e familiar. Apenas 39,5% dos casos, apesar de preencherem critérios sintomatológicos de TDAH, não preenchiam critérios neuropsicológicos e clínicos mais amplos, após concluída a avaliação com um protocolo pormenorizado. Tal achado ressalta o risco de basear-se o diagnóstico de TDAH apenas em escalas comportamentais que não são totalmente precisas para a detecção dos três subtipos.

Segundo alguns autores, as meninas são subdiagnosticadas porque têm poucos sintomas de agressividade/impulsividade, baixas taxas de transtorno de conduta e alto nível de associação com transtorno de humor e ansiedade. Desse modo, a idade do diagnóstico tende a ser mais avançada em relação aos meninos, e o tipo combinado em meninos é mais frequente em relação ao tipo desatento, sendo que nas meninas observa-se menor frequência das manifestações de agitação e impulsividade (subtipo hiperativo/impulsivo).

Embora se acreditasse que o TDAH desapareceria após a adolescência, hoje sabe-se que cerca de 50% das crianças apresentarão sintomas persistentes na idade adulta.

## Causas do TDAH

Com o avanço não apenas tecnológico mas conceitual das neurociências dispomos hoje de melhores recursos para conhecer as múltiplas variáveis, sejam estruturais (como as decorrentes da disfunção de áreas cerebrais, de sistemas de neurotransmissores) ou as variáveis fluídas (como as relacionadas à cultura, ao ambiente, aos impactos de estressores) no neurodesenvolvimento.

Hoje acredita-se que o TDAH relaciona-se a alterações biológicas e neuroquímicas, mas que o diagnóstico depende de fatores contextuais que envolvem uma visão de conjunto, isto é, da interface que contém e integra substrato neurobiológico, fatores genéticos, modulação ambiental, que, na sua múltipla interação, condicionam as várias apresentações do transtorno nos seus também diversos fenótipos comportamentais.

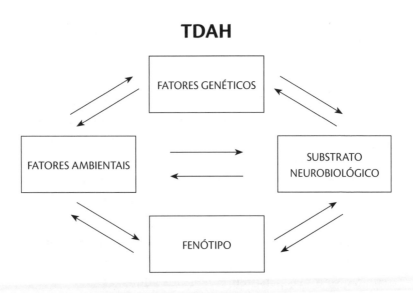

O estudo da etiologia do TDAH vem sendo objeto de muitas pesquisas, especialmente a partir do início da década de 1990. Apesar do grande número de estudos já realizados, as causas precisas do TDAH ainda não são totalmente estabelecidas. Entretanto, a influência de fatores genéticos e ambientais no seu desenvolvimento é amplamente aceita. O risco para o TDAH parece ser de duas a oito vezes maior nos pais das crianças afetadas do que na população em geral.

A verificação de fatores de risco é fundamental nos estudos epidemiológicos sobre o TDAH. Variáveis sociodemográficas como número de irmãos, idade dos irmãos, idade dos pais, nível cultural familiar, transtornos psiquiátricos na família, conduta agressiva dos pais, transtorno mental materno e fatores de risco pré e perinatais são importantes. Associação positiva entre algumas adversidades psicossociais e o TDAH são descritas, incluindo discórdia entre os cônjuges, desvantagem social, família muito numerosa, criminalidade dos pais e colocação em lar adotivo.

Há uma grande importância em explorar a história psicossocial da família. O impacto de fatores psicossociais, tais como desvantagem social, fatores nutricionais, desintegração social e eventos traumáticos prévios, embora sugerido, ainda é pouco pesquisado.

Alguns autores observaram que o TDAH está associado a múltiplas mudanças familiares, baixa renda familiar, crianças que vivem em lugar superpovoado, história de doença psiquiátrica materna e famílias desestruturadas. Agentes psicossociais que atuam no funcionamento adaptativo e na saúde emocional geral da criança, como desentendimentos familiares e presença de transtornos mentais nos pais, parecem ter participação importante no surgimento e na manutenção da doença, pelo menos em alguns casos.

A procura pela associação entre TDAH e complicações na gestação ou no parto tem levado a conclusões divergentes, mas tende a suportar a ideia de que tais complicações (toxemia, eclâmpsia, pós-maturidade fetal, duração do parto, estresse fetal, baixo peso ao nascer, hemorragia pré-parto, má saúde materna) predisponham ao transtorno. Foi observada também uma associação significativa entre exposição a fumo e álcool durante a gravidez e a presença de TDAH nos filhos.

Etiologias múltiplas que associam-se secundariamente a danos cerebrais perinatais no lobo frontal podem afetar processos de atenção, motivação e planejamento, relacionando-se indiretamente com o transtorno. É importante ressaltar que a maioria dos estudos sobre possíveis agentes ambientais apenas evidenciou uma associação desses fatores com o TDAH, não sendo possível estabelecer uma relação clara de causa e efeito entre eles.

## Papel dos genes

Embora caracterizado por sintomas de desatenção, hiperatividade e impulsividade, o TDAH é um transtorno do neurodesenvolvimento bastante heterogêneo, pelo menos no que se refere à expressão comportamental (fenotípica). Provavelmente, casos diversos com fenomenologias particulares (heterogeneidade clínica) também apresentam heterogeneidade nos determinantes gênicos. Muitas vezes, pais de crianças com TDAH apresentam características do transtorno.

Nesse momento, é importante introduzir termos relacionados aos genes e às características ou às funções que esses geram. A combinação de genes do pai, no espermatozoide, e da mãe, no óvulo, criam um esquema genético único — o genótipo —, que caracteriza um indivíduo específico. Para explicar como isso ocorre, precisamos recordar alguns conceitos. O núcleo de cada célula do corpo contém um conjunto de 46 cromossomos, arranjados em 23 pares.

Esses cromossomos contêm todas as informações necessárias, não apenas as que controlam características altamente individuais, como a cor do cabelo, a altura, a forma do corpo, o temperamento, os aspectos de inteligência, como também as características compartilhadas por todos os membros da nossa espécie. A cadeia de DNA que constitui cada cromossomo pode ser subdividida em segmentos chamados genes, cada um dos quais controla ou influencia algum aspecto ou alguma porção específica de algum padrão do desenvolvimento. Um gene controlando ou influenciando alguma característica específica, como tipo sanguíneo ou cor de cabelo, sempre aparece no mesmo lugar (o lócus), no mesmo cromossomo, em todos os indivíduos da mesma espécie.

## Genes e TDAH

Estudos em gêmeos com TDAH mostram fortes evidências para os fatores genéticos. A taxa de concordância em gêmeos idênticos é maior que 65%, e em gêmeos fraternos é menor que 40%; isso apoia fortemente as teorias de uma base genética do TDAH.

No entanto, os genes não parecem ser responsáveis pelo transtorno em si, mas por uma predisposição a ele. A participação de genes foi suspeitada, inicialmente, a partir de observações de que nas famílias de portadores de TDAH a presença de parentes também afetados era mais frequente do que nas famílias que não tinham crianças com TDAH. A prevalência do TDAH entre os parentes das crianças afetadas é cerca de duas a dez vezes maior do que a observada na população em geral (isto é chamado de recorrência familial). A partir dos dados destes estudos, o próximo passo na pesquisa genética do TDAH foi começar a procurar quais genes poderiam ser os envolvidos. É importante salientar que o TDAH, como a maioria dos transtornos do comportamento, em geral envolve determinantes multifatoriais e nunca devemos falar em determinação genética, mas sim em predisposição ou influência genética.

Embora a contribuição genética seja substancial, é improvável que exista "o gene do TDAH", causador dos três subtipos comportamentais. Ao contrário, como ocorre na maioria dos transtornos do neurodesenvolvimento, acredita-se que vários genes de pequeno efeito sejam responsáveis por uma vulnerabilidade (ou susceptibilidade) genética ao transtorno, à qual somam-se diferentes agentes ambientais.

Evidências mais fortes da herdabilidade do TDAH são fornecidas pelos estudos com adotados, uma vez que estes conseguem distinguir melhor os efeitos genéticos dos efeitos ambientais. Pesquisas iniciais com adotados encontraram uma frequência significativamente maior de TDAH entre os pais biológicos de crianças afetadas do que entre os pais adotivos.

Dessa forma, o surgimento e a evolução do TDAH em um indivíduo parecem depender de quais genes de susceptibilidade estão agindo e de quanto cada um deles contribui para o transtorno, ou seja, qual o tamanho do efeito de cada um, e da interação desses genes entre si e com o ambiente. Um transtorno poligênico é devido à interação de diferentes genes sobre diferentes cromossomos; cada gene contribui para uma pequena parte da variação clínica. Estes genes interagem com fatores ambientais.

É provável que diferentes indivíduos com TDAH possam herdar uma quantidade de diferentes partes de genes. Entretanto, cada indivíduo afetado com TDAH pode herdar suficiente variação gênica, permitindo assim desenvolvê-lo. Um indivíduo que tem a herança suficiente para desenvolver algum tipo de transtorno comportamental tem risco de duas a quatro vezes maior de desenvolver um segundo transtorno do neurodesenvolvimento do que a população geral. Isto provavelmente ocorre porque diferentes transtornos compartilham alguns variantes gênicos em comum.

## Genes ou modulação parental?

Como em qualquer transtorno do neurodesenvolvimento, a maior ocorrência dentro da família pode ser devida a influências ambientais, como se a criança aprendesse a se comportar de um modo "desatento" ou "hiperativo" simplesmente por ver seus pais se comportando dessa maneira, o que excluiria o papel dos genes. Foi preciso, então, comprovar que a recorrência familial ocorria de fato graças a uma predisposição genética, e não somente ao ambiente. Assim, estudos genéticos com gêmeos e adotados foram fundamentais para se ter certeza da participação dos genes no TDAH. Nos estudos com adotados comparam-se pais biológicos e pais adotivos de crianças afetadas, verificando se há diferença na presença do TDAH entre os dois grupos de pais. Eles mostraram que os pais biológicos têm três vezes mais TDAH que os pais adotivos.

Os estudos com gêmeos comparam gêmeos univitelinos e gêmeos fraternos (bivitelinos), quanto a diferentes aspectos do TDAH (presença ou não, tipo, gravidade). Sabendo-se que os gêmeos univitelinos têm 100% de semelhança genética, enquanto os fraternos têm 50%, se os univitelinos se parecem mais nos sintomas de TDAH do que os fraternos, a única explicação é a participação de componentes genéticos influenciando o transtorno. Quanto mais parecidos, ou seja, quanto mais concordam em relação àquelas características, maior é a influência genética para o TDAH. Realmente, os estudos de gêmeos com TDAH mostraram que os univitelinos são muito mais parecidos (também se diz "concordantes") do que os fraternos, chegando a ter 70% de concordância, o que evidencia uma importante participação de genes na origem do TDAH.

Nos últimos anos, um interesse crescente vem surgindo em relação aos estudos de genética molecular no TDAH. O principal alvo dessas pesquisas são genes que codificam componentes dos sistemas dopaminérgico, noradrenérgico e, mais recentemente, serotoninérgico, uma vez que dados de estudos neurobiológicos sugerem fortemente o envolvimento desses neurotransmissores na patofisiologia do transtorno. O sistema dopaminérgico vem sendo o foco da maioria dos estudos moleculares com o TDAH. Resultados consistentes de estudos de genética molecular estão apontando para uma possível ligação entre alguns genes e o TDAH. O gene do transportador de dopamina (DAT1) foi um dos primeiros a serem investigados, visto que a proteína transportadora é inibida pelos estimulantes usados no tratamento do TDAH.

O efeito estimado para o gene DAT1 é bastante pequeno, com uma razão de chances variando de 1,6 a 2,8. Esse gene auxilia a regulação da atividade da dopamina no cérebro. Outro gene do sistema dopaminérgico intensamente investigado neste transtorno é o gene do receptor D4 de dopamina (DRD4). Está relacionado com a dimensão da personalidade conhecida como buscadora de novidades. Tal gene estaria mais associado ao fenótipo hiperativo/impulsivo, dada a sua maior associação com comportamentos de predisposição para correr riscos, para a impulsividade e a inquietação.

Vários outros genes conhecidos do sistema dopaminérgico já foram objeto de estudos de associação com o TDAH, incluindo genes que codificam os receptores D2, D3 e D5, e genes de enzimas relacionadas ao metabolismo da dopamina. Destes, o gene do receptor D5 de dopamina (DRD5) parece promissor.

Poucos estudos moleculares foram realizados até o momento com genes do sistema noradrenérgico. Esses estudos concentraram-se principalmente no gene que codifica a enzima dopamina-beta-hidroxilase (D$\beta$H). Também uma possível influência do sistema serotoninérgico na etiologia do TDAH também está sendo investigada, principalmente os genes do receptor e do transportador de serotonina.

# 3
## De que maneira um transtorno de predisposição genética sofre modulações do meio ambiente?

Uma vez que vimos que o TDAH relaciona-se a alterações estruturais ligadas à predisposição familiar, de que maneira tal predisposição é afetada ou modulada por fatores ambientais, como, por exemplo, a forma de criação, a exposição a estressores, a privação ou estimulação inadequada ou as vantagens e desvantagens sociais?

Os novos paradigmas científicos exploram a ligação sutil entre ambiente e genética através do conceito de endofenótipos intermediários. Se o TDAH é um transtorno heterogêneo do ponto de vista comportamental, existem algumas características biológicas e sintomáticas que irão modificar a expressão comportamental individual, de acordo com as diferentes influências familiares, ambientais e dos diferentes agentes estressores.

Assim, o endofenótipo biológico irá refletir o processamento das informações em circuitos cerebrais específicos, como o córtex pré-frontal. Neste sentido, os achados de ressonância nuclear magnética do crânio (RNM), as alterações de neurotransmissores são endofenótipos biológicos.

Os endofenótipos sintomatológicos abrangem desde simples sintomas associados com o transtorno, como, por exemplo, um dos critérios de desatenção e impulsividade do DSM-IV já descritos, até as alterações neuropsicológicas sutis, como a disfunção executiva do TDAH. O comportamento, por outro lado, relaciona-se a fatores mais amplos que os endofenótipos e estão relacionados a fatores de personalidade que se expressam precocemente, persistem durante os vários ciclos de vida da criança e são fenômenos de interação e emergência. Assim, a variabilidade destes aspectos não nos permite fazer ligações diretas a genes e comportamento mas sim a genes e modulação dos endofenótipos.

No que se refere aos estressores, estes são filtrados através da personalidade relacionada à maneira pela qual a criança expressa estratégias de enfrentamento, estilo cognitivo, respostas adaptativas a circunstâncias adversas, reforça os modelos parentais saudáveis ou disfuncionais. A interação da personalidade com os endofenótipos pode tanto exercer um efeito de "buffer" (tamponamento) sobre o estressor como também exercer um efeito amplificador. Tal interação entre os fatores da vida, os fatores ligados à personalidade, a presença de mecanismos compensatórios no funcionamento de circuitos cerebrais poderá determinar se o indivíduo desenvolverá TDAH ou não, ou mesmo se a expressão sintomatológica será leve ou acentuada.

Neste sentido, interpretações puramente biológicas ou psicológicas são sempre incompletas para explicar a complexidade das interações destes fatores na gênese do TDAH, uma vez que o próprio meio ambiente modula a expressão fenotípica e a intensidade do quadro.

> A influência de fatores genéticos e ambientais no desenvolvimento do TDAH é amplamente aceita na literatura. O risco para o TDAH parece ser de duas a oito vezes maior nos pais das crianças afetadas do que na população em geral.

## Atenção — Bases conceituais e neurobiológicas

Para entender com mais profundidade a neurobiologia do TDAH, consideramos ser importante compreender os aspectos conceituais da atenção, como veremos a seguir.

Para o filósofo e psicólogo William James (1890): "Todo mundo sabe o que é atenção. É a tomada de posse pela mente, de forma clara e vívida, de um entre vários objetos do mundo que impõe uma certa ordem ao fluxo ininterrupto e simultâneo de pensamentos." Neste contexto, a atenção situa-se em posição privilegiada no acesso à cognição categorizada nas quatro dimensões principais: *funções receptivas*, que envolvem as habilidades para selecionar, adquirir, classificar e integrar a informação; *memória e aprendizagem*, que integram as habilidades de armazenamento e recuperação da informação; *pensamento*, que abrange o sistema complexo de organização mental e reorganização da informação; e *funções expressivas e linguagem*, meio pelo qual a informação processada pelo cérebro é comunicada ou veiculada enquanto ato em si.

A atenção envolve um retraimento de algumas coisas para lidar de maneira efetiva com outras. Neste sentido, o conceito de atenção implica em orientação e seletividade. Traduz de maneira geral a habilidade para focar e manter o interesse em determinada tarefa ou ideia, inclusive manipulando nossas próprias distrações.

Somos bombardeados ininterruptamente durante a vigília por sinais sensoriais provenientes tanto do exterior como do interior do nosso organismo. A quantidade de informação que chega ao nosso cérebro excede em muito a capacidade de processamento em paralelo, de modo que se faz necessário um mecanismo estável que regule, focalize o organismo, selecionando e organizando a percepção e permitindo que um estímulo possa dar lugar a um processo neural eletroquímico adaptado. Esse mecanismo neuronal é a atenção.

A atenção está inserida em um *continuum* biológico que dispõem diferentes graus de excitabilidade e de receptividade à informação sensorial que varia da vigília ao sono, do estado de alerta ao coma. Enquanto contínuo biológico, a atenção pode ser definida como um processo cognitivo interno por meio do qual são selecionadas e processadas tanto as informações do ambiente quanto de fontes internas (sensações, pistas viscerais e pensamentos).

Engloba toda atividade cognitiva organizada que possui algum grau de direção, dando um caráter mais focalizado aos processos cognitivos e psíquicos. Assim, a atenção atua como um controlador semi-independente da ação e da percepção e refere-se aos vários processos neurais relacionados ao modo pelo qual o organismo se torna receptivo aos estímulos e a partir do qual ele inicia o processamento de excitações, sejam estas externas ou internas.

## Neuropsicologia da atenção

Várias são as facetas da atenção. Seu *tônus* está relacionado ao grau de excitabilidade, à energia fundamental do organismo; sua *receptividade* traduz a motivação do organismo voltada para o interesse que a informação tem para a sobrevivência ou para a afetividade; a *seletividade* relaciona-se com a prioridade da informação no sentido de discriminação dos estímulos relevantes e irrelevantes; a *concentração* refere-se à manutenção desta seletividade durante períodos de tempo mais prolongados; a *simultaneidade* refere-se à discriminação de informações concomitantes, sejam estas oriundas de fontes sensoriais semelhantes ou diversas; e a *flexibilidade*, entendida como ajuste das respostas e da seleção de estímulos de acordo com as diferentes demandas cognitivas.

A atenção também possui uma hierarquia de ativação que vai desde uma reação generalizada de despertar, da orientação sensorial (implícita) em resposta ao estímulo até a busca ativa do estímulo programada por ação intencional e voluntária. Se formos separar os componentes da atenção em grandes sistemas funcionais, podemos encontrar quatro mecanismos básicos fundamentais:

1. excitação ou alerta;
2. orientação motora;
3. detecção de novidade;
4. orientação executiva.

O componente *excitação* consiste na capacidade de aumentar o estado de alerta e está relacionado às estruturas subcorticais do tronco encefálico (formação reticular) que têm íntima conexão com os órgãos sensoriais (audição, visão, olfato, propriocepção) e com o sistema límbico, relacionado com a modulação das emoções. Ressalva-se neste sistema a participação ativa do hipocampo, que tem como marca funcional o processo de catalogar estímulos novos e conhecidos para que possam ser processados em áreas filogeneticamente mais recentes como o lobo temporal e frontal. A seguir temos o esquema da formação reticular ativadora em relação aos estados do organismo.

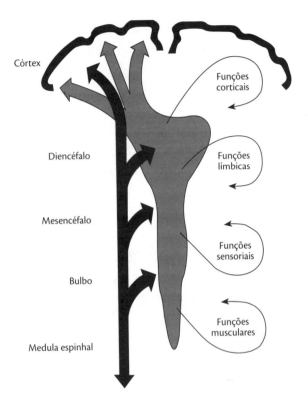

O segundo componente da atenção é a *orientação*. Consiste em um processo multidimensional e involuntário que dispõe o indivíduo a desligar-se ou a prender-se a um determinado estímulo de forma contínua, em que o desligamento e o acoplamento envolvem diferentes áreas cerebrais funcionais. Assim, o córtex parietal posterior relaciona-se à função de desacoplar-se de estímulos irrelevantes enquanto o córtex frontoparietal e os gânglios da base relacionam-se às funções de acoplamento aos novos estímulos.

O terceiro componente da atenção relaciona-se à *detecção de novidade e recompensa*. O sistema de detecção de novidade acessa estímulos não familiares enquanto o sistema de recompensa relaciona sensações de prazer com a atribuição emocional às informações. As estruturas localizadas internamente ao sistema límbico estão intimamente relacionadas à detecção de novidade, enquanto uma pequena área localizada na profundidade do encéfalo, conhecida como núcleo acumbente, parece ser o sítio principal da vinculação das emoções prazerosas.

Esta área possui alta concentração do neurotransmissor dopamina, da serotonina e das endorfinas envolvidas nas sensações de satisfação, recompensa e motivação. A chamada síndrome da deficiência da recompensa tardia é observada em indivíduos que necessitam de exposição frequente a situações de emoção ou risco extremo para sentir prazer. Neste grupo, encontramos indivíduos com vários transtornos do neurodesenvolvimento como TDAH. A dependência de uma recompensa imediata pelo aumento súbito na neurotransmissão dopaminérgica causa desequilíbrio e desinibição do desejo, gerando uma necessidade exagerada de novidade e risco.

O quarto sistema funcional da atenção é a chamada *organização executiva*, que se relaciona à atividade planejada e autorregulada, e que dispõe nossa ação em relação aos objetivos a curto e longo prazo. As áreas anteriores do cérebro e particularmente as áreas pré-frontais e órbito-frontais desempenham um importante papel nesta função.

Cabe ressaltar que essas áreas têm íntima conexão com áreas subcorticais e com os gânglios da base, que parecem modular a filtragem dos estímulos sensoriais para o cérebro. Uma lesão nestas áreas leva a uma perda de excitação, graus variados de impulsividade e uma atração irresistível para estímulos externos na chamada "dependência do meio social". Uma das áreas mais intimamente relacionadas à organização executiva é a região do giro do cíngulo anterior.

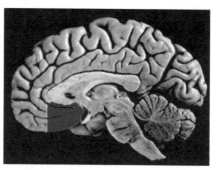

Área órbito-frontal — Modulação emocional da atenção

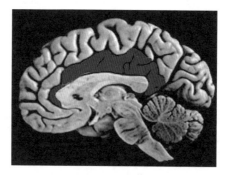

Giro do cíngulo e atenção dividida

Uma das características do giro do cíngulo é a sua capacidade para modular seus próprios níveis de dopamina, regulando, por conseguinte, as redes neurais a ele conectadas, portanto determinando um sistema complexo no qual excitação, emoção e motivação estão recursivamente ligadas. Outra área intimamente envolvida com a motivação é a chamada amígdala cerebral, que antes mesmo de um estímulo chegar aos lobos frontais determina um rótulo emocional, definindo se a informação tem característica ameaçadora ou prazerosa. Neste sentido, a amígdala dá uma atribuição positiva ou negativa pré-consciente e prepara o organismo para reações de fuga, pânico ou relaxamento.

A rotulagem emocional da amígdala, sendo inconsciente, pode estar interligada a desencadeantes ambientais sutis e subliminares tais como: ruídos, sons, cheiros, faces familiares.

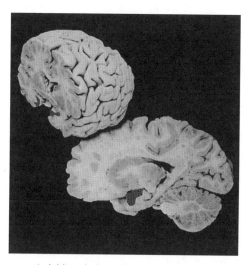

Amígdala cerebral — Rótulo emocional da atenção

É preciso entender que a atenção não é um processo contínuo e sim multidimensional, e que envolve excitação que leva à prontidão executiva e inibição que interrompe ações e pensamentos, em um processo recursivo de ativação de circuitos excitatórios e inibitórios concorrentes. Tanto a excitação quanto a inibição podem envolver atividade automática e voluntária que requerem esforço. Neste sentido, a modulação da atenção envolve um processo neuropsicológico denominado de *executivo central*, que faz a alocação de processos inibitórios que dependem da função do córtex pré-frontal e que são extremamente importantes para a seletividade e para a discriminação de informação considerada como relevante tanto para a cognição quanto para funções mais instintivas da espécie (fome, sede, necessidade reprodutiva).

## Atenção voluntária e involuntária

A *atenção voluntária* consiste na organização social da atenção mediada pela linguagem e depende da programação intencional e motivacional, que são a base do comportamento humano adaptativo e organizado. Atenção voluntária divide-se em atenção seletiva, atenção dividida e atenção sustentada.

A *atenção seletiva* relaciona-se à capacidade de escolha de uma categoria ou seleção dentre diferentes fontes de informação, para deter o foco da consciência. A percepção atenta pode ser dividida em dois estágios principais: um deles é o estágio pré-atentivo, que apenas detecta a presença de informação e, portanto, requer poucos recursos cognitivos. Já um estágio atentivo focalizado detecta combinação de estímulos e envolve a manipulação e inibição de distratores, requerendo inibição de fontes estimuladoras intrusas. Em uma festa ruidosa, permeada por vários estímulos sensoriais, o indivíduo é capaz de direcionar sua atenção para uma fonte específica do ambiente, podendo assim manter uma conversa com seu amigo ao mesmo tempo em que descarta os outros estímulos presentes no ambiente, no chamado efeito coquetel. A *atenção seletiva* orienta a consciência para um determinado estímulo dentre uma variedade imensa de estímulos para que consigamos extrair algum significado. A seletividade pode ser dirigida do estímulo para o contexto (*bottom up*), como, por exemplo, selecionando-se rosas vermelhas em um canteiro de flores variadas, ou do contexto para o estímulo (*top down*), como, por exemplo, detectando a harmonia dos instrumentos da orquestra que tocam as melodias que, apesar de não serem familiares, são agradáveis como um todo. Envolve habilidade de atender preferencialmente a um contexto e simultaneamente ignorar detalhes não relevantes.

A *atenção dividida* consiste na competição entre processos sensoriais diversos (audição e visão) e entre processamentos automáticos que têm capacidade limitada, como dirigir automóvel ou leitura. Como temos dificuldade de monitorar em paralelo mais que um número determinado de tarefas, há necessidade de um mecanismo para possibilitar a partilha destes processos no tempo. Quando fazemos duas coisas ao mesmo tempo, pelo menos uma delas deve estar automatizada. O desempenho nesta forma de atenção depende da capacidade de processamento controlado, necessária para desempenhar tarefas não rotineiras e da estratégia que é utilizada para um processamento eficiente. Obviamente, relaciona-se habilidade e treino. Um músico experiente, por exemplo, controla mais facilmente processos motores simultâneos da mão direita e da mão esquerda na execução de peças musicais do que um músico inexperiente.

A *atenção sustentada* relaciona-se ao prolongamento da atenção durante períodos maiores de tempo. O engajamento com determinadas tarefas muda com o tempo, podendo levar à fadiga ou à desmotivação. Lapsos de atenção resultam de mudanças fásicas do alerta, resultando num decréscimo da receptividade ao estímulo por períodos curtos de tempo. A capacidade de atenção sustentada varia de acordo com a faixa etária, o treino e as características individuais e culturais.

A chamada *atenção involuntária* consiste em mudança não programada do foco da atenção por estímulo externo que pode estar em conflito com a expectativa e o contexto. Pode ser desencadeada quando a informação sensorial é intensa, complexa, surpreendente, incongruente ou inédita.

Os desvios de atenção podem se dar tanto por saturação e por estimulação externa como por mudanças da homeostase do organismo, determinadas pelo estado de vigilância, pelas necessidades instintivas de fome, sede e sexo, podendo representar desvios momentâneos ou permanentes da atenção. Desta maneira, o desvio pode dar lugar às alterações da atenção com retorno ao estado basal, podendo levar a mudanças substanciais do foco, tornando a atenção um processo instável e muito fragmentado na chamada atenção picotada, como, por exemplo, ocorre em crianças com extrema excitabilidade nos casos de TDAH grave.

## Bases neuroanatômicas da atenção

A atenção, do ponto de vista neurobiológico, não é o produto de uma única área cerebral, mas depende do funcionamento concentrado do cérebro, resultante da atividade interconectada de sistemas de redes neurais corticais e subcorticais. A formação reticular, já descrita anteriormente, garante as formas mais generalizadas e elementares da atenção e dos diferentes graus de vigília e/ou alerta.

Os componentes do córtex límbico estão envolvidos na inibição de estímulos irrelevantes e habituação a informação repetida e recorrente. As áreas frontais estão implicadas tanto nas formas superiores da atenção (atenção voluntária), na preservação de comportamento dirigido a metas e, portanto, programado quanto na inibição a estímulos irrelevantes.

## Ontogênese da atenção

Nos primeiros meses de vida, a atenção é mais elementar e involuntária. Somos atraídos por estímulos que têm um significado biológico maior para a sobrevivência e para características da nossa espécie. Crianças pequenas de 3 a 6 meses de idade têm dificuldade de desacoplamento para estímulos sensoriais, como faces familiares (rosto da mãe preferencialmente), luzes, formas coloridas, no chamado *obligatory looking*. A partir dos 6 meses de vida, a atenção começa a ter uma orientação endógena, até uma maior estabilidade dos processos aos 2 anos de vida, quando as reações de orientação têm um caráter direcional e seletivo que dão base a um comportamento mais organizado e direcional.

Atenção voluntária é um ato social, e não apenas biológico. A partir de uma atenção socialmente organizada desenvolve-se a atenção voluntária, eficiente e estável, no período escolar. Enquanto em crianças de 1 a 2 anos a instrução verbal mediada pela linguagem não pode sobrepujar a atenção involuntária, crianças de 4 a 5 anos já conseguem eliminar, de maneira mais eficiente, alguns distratores. Mas é no período escolar que formas de processo mais seletivo organizadas pela linguagem são desenvolvidas. A instabilidade da atenção pode estabelecer-se até a adolescência, devido a múltiplas influências dos processos volitivos, relacionados à influência de áreas cerebrais relativas ao prazer e à recompensa, que ainda estão em fase de mudança no adolescente.

---

A atenção é seletividade. O principal neurotransmissor envolvido com a atenção é a dopamina. Enquanto o córtex parietal relaciona-se ao desacoplamento a estímulos irrelevantes, o pré-frontal relaciona-se à modulação executiva da atenção e a amígdala e o giro do cíngulo relacionam-se à rotulagem emocional das informações. Embora a maior estabilidade da atenção se inicie aos 2 anos de vida, ela só se estabelece na adolescência.

## Neurotransmissores e TDAH

Os dois sistemas neuroquímicos mais importantes relacionados ao TDAH seriam o sistema de atenção anterior pré-frontal, predominantemente dopaminérgico, e o sistema de atenção posterior, predominantemente noradrenérgico, envolvido na diminuição do comportamento, refletindo a base neuropsicológica do chamado TDAH, bem como estariam envolvidos na expressão dos três sintomas cardinais do transtorno: desatenção, hiperatividade, impulsividade.

A figura abaixo mostra os sistemas neuroquímicos relacionados ao TDAH: sistema de atenção anterior e posterior.

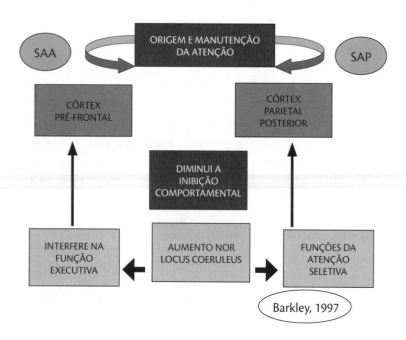

SAA: sistema de atenção anterior; SAP: sistema de atenção posterior
[Nor: noradrenalina]

O maior ou o menor comprometimento ou a hipofunção dessas vias em crianças com TDAH levariam aos diferentes graus de comprometimento das funções comportamentais, caracterizadas por alteração da motivação, processamento temporal das informações, planejamento e organização motora, que compõem a base neuropsicológica disfuncional, representada por falhas das funções executivas, atencionais e falhas na inibição do comportamento.

Hoje, sabe-se que a base neuroquímica da atenção relaciona-se principalmente à dopamina, neurotransmissor intimamente relacionado ao controle executivo, ao domínio e à inibição do comportamento motor, à memória operacional e aos sistemas que relacionam as reações de recompensa não imediata. Neste sentido, a dopamina determina o controle dos níveis de excitação cerebral e o preparo para a ação motora e tem sua expressão maior nas áreas pré-frontais do cérebro.

A noradrenalina é relacionada ao acoplamento aos estímulos relevantes, à modulação neurocomportamental e a mudanças fisiológicas como as relativas ao controle da pressão arterial, da frequência cardíaca e respiratória. Parece ter um papel importante no sistema de controle da vigilância, do acoplamento e desacoplamento de informações consideradas relevantes e para a memória de trabalho visoespacial, dada a sua representação cerebral mais difusa e mais ampla nas áreas posteriores (associativas e visuais) do cérebro.

Outros neurotransmissores que parecem estar envolvidos no TDAH incluem a serotonina, importante para a modulação da liberação de dopamina pré-sináptica. Também as chamadas neurotrofinas, que são proteínas secretadas no sistema nervoso central (SNC), têm um papel na modulação da atenção e estão relacionadas a respostas de facilitação da cognição e da atenção envolvidas, por exemplo, com o exercício físico, que é conhecidamente um dos fatores de aumento da produção destes moduladores cerebrais.

## Circuitos anatômicos e TDAH

O TDAH e sua tríade sintomática relaciona-se a alterações disfuncionais localizadas principalmente nas áreas mais anteriores do córtex frontal, o chamado córtex pré-frontal mais especificamente. Cada um dos sintomas relaciona-se com diferentes regiões do córtex pré-frontal. A origem neurobiológica, envolvendo distintas áreas do cérebro, particularmente as áreas pré-frontais, é conhecida desde a década de 1970, quando Pontius propôs que muitos casos de comportamento hiperativo e impulsivo podiam ocorrer por disfunções do lobo frontal e caudado, levando a uma incapacidade de construir planos de ação antes de agir, de criar um objetivo para a ação, de manter esse objetivo em mente por algum tempo, orientando o planejamento para a sua realização e reprogramando uma atividade sempre que for necessário.

Hoje, reconhece-se quatro regiões distintas no córtex frontal que se relacionam diretamente aos sintomas neurobiológicos do TDAH. A dificuldade da atenção seletiva relaciona-se ao processamento ineficiente das informações na região do córtex do giro cíngulo anterior (Figura 1a), os sintomas da disfunção executiva relaciona-se à inabilidade de sustentar a atenção e a dificuldade de resolução de problemas relaciona-se à região dorsolateral do córtex pré-frontal (Figura 1b); já os sintomas de hiperatividade são ligados à área motora suplementar e ao córtex pré-motor. E a impulsividade relaciona-se à modulação de áreas órbito-frontais (Figura 1c).

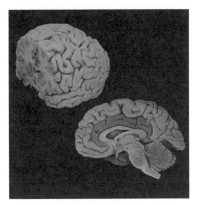

Figura 1a

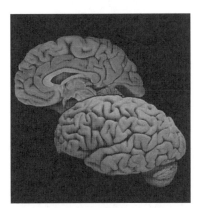

Figura 1b

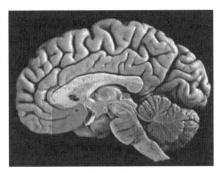

Figura 1c

Como observa-se que nem todos os pacientes têm o mesmo grau de comprometimento dessas funções, os estudos atuais sugerem que as diferentes topografias das anormalidades pré-frontais associam-se aos diferentes endofenótipos comportamentais.

É importante ressaltar que cada uma dessas áreas do córtex pré-frontal é ligada a outras áreas cerebrais e também a áreas chamadas subcorticais através do circuito córtico-estriatal-talâmico-cortical.

Do ponto de vista neuropsicológico e da sintomatologia (endofenótipos sintomáticos), a disfunção das áreas do córtex pré-frontal leva a dificuldades na organização, no planejamento, na autorregulação, bem como na manutenção de informações mentais (memória operacional).

O córtex órbito-frontal é a parte mais importante do cérebro no controle dos impulsos e do controle inibitório e está também intimamente relacionado com o núcleo accumbens, que é um dos sistemas mais importantes relacionados ao sistema de recompensa de neurotransmissão dopaminérgica (que será descrito posteriormente no item neurobiologia da atenção).

A causa da disfunção nessas várias áreas do córtex frontal ainda é incerta, mas hoje sugerem-se hipóteses relacionadas a anormalidades moleculares sutis decodificadas por genes, com neuromodulação dopaminérgica anormal, bem como alguns genes ligados à modulação adrenérgica. Do ponto de vista neurobiológico, o TDAH está ligado a um mecanismo inadequado de vigilância — tanto a hipovigilância como a hipervigilância do sistema inibidor do comportamento. Especificamente, o processamento da informação do TDAH resulta da deficiência das vias de vigilância ligadas a vias dopaminérgicas e noradrenérgicas que causam a inibição do comportamento, daí o efeito dos estimulantes ativando o sistema inibidor do comportamento (SIC).

Crianças com TDAH têm dificuldade na ativação da área pré-frontal diante de tarefas cognitivas que envolvam habilidades executivas de organização e planejamento. Assim, os neurônios do córtex pré-frontal situam-se fora de uma sintonia que fazem com que não se diferenciem adequadamente os importantes sinais neurais dos ruídos irrelevantes. Casos com excessiva vigilância podem também ser observados e relacionam-se à relevância de sinais crônicos de estresse e à alta incidência de comorbidade. Nestes casos, acredita-se que haja uma excessiva estimulação dopaminérgica e noradrenérgica, associando-se à ansiedade, ao transtorno de humor, bem como às alterações do ciclo sono-vigília.

As estimulações destes circuitos podem também ativar excessivamente o eixo hipotálamo-adrenal induzindo ao estresse fisiológico, aumentando a produção de cortisol pelas glândulas suprarrenais. O aumento de cortisol pode levar tanto à atrofia cerebral como à diminuição dos mecanismos normais da criação de novos neurônios (neurogênese) de áreas importantes para a memória, como o hipocampo, e dos mecanismos neuroquímicos e neurobiológicos relacionados à plasticidade neuronal.

## Neuroimagem e TDAH

Avaliar o TDAH, utilizando os recursos de neuroimagem, como a ressonância nuclear magnética, o SPECT, a tratografia, ainda é objeto de pesquisa, que embora tenha trazido muitos achados interessantes quanto à neurobiologia do TDAH, não tem qualquer função diagnóstica no contexto clínico. Achados preliminares de diminuição do volume cerebral de todas as estruturas cerebrais, com exceção do núcleo caudado, têm sido descritos nas crianças com TDAH, tanto nos casos tratados como nos não tratados.

Estudo atual realizado em nosso setor através da mensuração quantitativa de áreas cerebrais por meio da ressonância nuclear magnética do crânio (morfometria) encontrou diminuição do volume de substância cinzenta (camadas em que se encontram os neurônios) e áreas da substância branca (que contém os tratos que conectam os neurônios) na região frontal e no giro do cíngulo.

Alguns estudos com avaliação do fluxo sanguíneo através do SPECT encontram resultados de hipofluxo em áreas frontais particularmente do hemisfério cerebral direito, nos casos de hiperatividade e impulsividade, enquanto os casos com hipofluxo parietal e de áreas do chamado córtex pré-frontal dorsolateral são aqueles que apresentam maior comprometimento das chamadas funções executivas relacionadas ao planejamento motor e à autorregulação dos processos cognitivos. Alguns estudos usando neuroimagem funcional têm encontrado alterações cerebelares em casos de TDAH, mostrando que os circuitos neurobiológicos do transtorno parecem envolver a modulação de múltiplas áreas não só corticais, mas também subcorticais.

## Síntese

Conhecer as bases estruturais em que se apoia o TDAH pode complementar as avaliações feitas apenas com base em inventários e questionários.

Daí se depreende que um bom diagnóstico, um diagnóstico preciso irá depender de uma avaliação que integre os fatores biológicos, os ambientais relacionados à dinâmica familiar emocional, com a finalidade tanto de se evitar, por um lado, a medicalização excessiva e, por outro extremo, o risco de não dar acesso para os casos de TDAH que se beneficiariam de um tratamento farmacológico e comportamental adequado.

O processo neuromaturacional do encéfalo tem uma progressão póstero-anterior, ou seja, primeiro, murieliniza-se a região da visão, cuja janela maturacional se abre próximo do nascimento e se fecha em torno dos 2 anos de idade. Por último, mielinizam-se as áreas anteriores. Por isso, do ponto de vista neuroevolutivo, é aceitável certo nível de hiperatividade pura em crianças sem lesão até aproximadamente a idade de 4 a 5 anos, visto que a região pré-frontal, onde está o "freio motor", só completa seu ciclo mielinogenético nessa faixa etária. Assim, um estudo recente de neuroimagem estrutural evidenciou que a trajetória neuroevolutiva de aumento dos volumes intracerebrais das crianças com TDAH segue um curso paralelo ao das que não têm o transtorno, porém sempre com volumes significativamente menores, o que sugere que os eventos que originaram o quadro (influências genéticas ou ambientais) foram precoces, e não progressivos. As diferenças entre casos e controles não pareceram relacionadas ao uso de medicações psicoestimulantes.

4

# Espectro cognitivo e comportamental do TDAH

Os sintomas de desatenção incluem: dificuldade em sustentar a atenção pelo tempo necessário, dificuldade em alternar o foco entre duas ou mais tarefas, perdas e esquecimentos de objetos, dificuldade em memorizar e em recordar informação já aprendida, desorganização, elevada distratibilidade (ser facilmente distraído da tarefa devido a estímulos irrelevantes — que podem ser externos, como ruídos, ou internos, como os próprios pensamentos ou as ideias). Os sintomas de hiperatividade/impulsividade incluem: dificuldade em esperar sua vez, dificuldade em permanecer sentado quieto quando isso é necessário, balançar as mãos ou os pés quando tem de permanecer sentado, interromper ou se intrometer nos assuntos dos outros, falar demais etc.

Em geral, o comportamento da criança com TDAH pode passar despercebido pelos pais, mas, quando ela ingressa na escola, mesmo os casos mais leves tendem a se tornar mais evidentes, uma vez que na escola existe a possibilidade de se comparar várias crianças com a mesma faixa etária, além do fato de se exigir mais atenção e da necessidade de ficar parado em um mesmo local por mais tempo.

As crianças com TDAH podem apresentar algumas alterações na aquisição de habilidades linguísticas. Elas também podem apresentar um desenvolvimento inadequado em relação à noção de espaço, o que geralmente é evidenciado por meio de seus desenhos com maior grau de imaturidade ou pela dificuldade de reconhecer símbolos gráficos semelhantes entre si, mas que se diferenciam apenas por sua disposição espacial.

Geralmente elas aplicam menor quantidade de esforços e despendem menor quantidade de tempo para realizar tarefas desagradáveis e não motivantes.

> Raramente, uma criança apresenta o mesmo nível de disfunção em todos os contextos ou dentro de um mesmo contexto em todos os momentos. Sintomas podem ser mínimos ou estarem ausentes quando a pessoa: se encontra sob um controle rígido, está em um contexto novo, está envolvida em atividades especialmente interessantes, está em uma situação a dois.

Outra manifestação que pode estar presente nas crianças com TDAH é a pouca coordenação motora, sendo que muitas vezes os pais as rotulam de desajeitadas ou desastradas. Crianças com TDAH vivenciam dificuldades para ficar sentadas na sala de aula e para prestar atenção. Muitas vezes são rejeitadas por colegas devido a sua inquietude, o que pode ser agravado pelos comportamentos disruptivos. Suas dificuldades escolares e sociais poderão ter consequências futuras adversas se não houver intervenção. Os sintomas de hiperatividade nas crianças com TDAH geralmente se manifestam por uma tendência delas de estar sempre se movimentando, o que constitui um dos sinais clínicos mais frequentes e exuberantes. Na maioria das vezes, os adultos passam a maior parte do tempo reprimindo, chamando a atenção da criança ou solicitando que ela permaneça quieta por um certo tempo. Isso com frequência gera diversos conflitos nas relações familiares.

No que se refere ao desenvolvimento cognitivo da criança com TDAH, os estudos revelam que mesmo naquelas com inteligência normal ou até acima da média é frequente a presença de dificuldade escolar, dificuldades sociais ou de adaptação.

As dificuldades de atenção seletiva, sustentada, de organização, inibição e integração podem ser sintomas do TDAH, isto é, a criança é desatenta, com frequência desvia a atenção da tarefa em curso antes de concluí-la e é excessivamente ativa. Há evidências claras de que crianças com TDAH acham mais difícil concentrar-se em uma tarefa e inibir pensamentos não relacionados a elas. Elas têm mais trabalho para retomar a atenção ao que estavam fazendo quando sua atenção é desviada.

O problema de manter a atenção em crianças com TDAH pode também ser devido à dificuldade de inibir respostas frente a coisas ao seu redor. Sendo assim, um dos problemas primários do TDAH é um problema de falta de inibição de comportamento.

Elas também têm dificuldade para seguir instruções e para aderir a regras, se comparadas a outras crianças sem TDAH; geralmente se engajam em atividades não relacionadas às que foram solicitadas a fazer. Algumas vezes, parecem capazes de completar o trabalho estabelecido, e, por vezes, não terminam mesmo que sejam supervisionadas.

Além da atenção, déficits em funções executivas — incluindo a memória operacional, inibição de resposta e processamento temporal — podem estar presentes no quadro de TDAH. A memória operacional é a habilidade para manter e manipular uma informação durante um curto período de tempo, participando de uma variedade de tarefas cognitivas essenciais como aprendizagem, raciocínio e compreensão e tem sido sugerido que a memória operacional desempenha um importante papel no quadro clínico do TDAH, como será visto adiante (neuropsicologia do TDAH).

## TDAH e recompensa

Um dos grandes problemas da criança com TDAH não reside apenas na dificuldade de identificar informação relevante da irrelevante, mas essencialmente de manter-se em atividades cujo grau de gratificação e recompensa não é imediato. Crianças com TDAH tendem a optar por fazer atividades em troca de recompensas imediatas mesmo que elas sejam menores e não conseguem frear um comportamento em função de uma gratificação posterior mesmo que esta seja mais vantajosa. A tal dificuldade denominamos de uma disfunção no adiamento da gratificação. Crianças com TDAH perdem o interesse mais rápido do que crianças sem TDAH, o que as leva a buscar intencionalmente algo que considerem mais divertido, mais estimulante sensorialmente, mesmo que a atividade iniciada anteriormente não tenha sido concluída. Pela dificuldade na gratificação mais tardia, as crianças com TDAH são menos sensíveis a reforços e atraídas a atividades nas quais existe uma recompensa imediata.

O problema essencial do TDAH reside na dificuldade de inibição do comportamento e tal inibição está intimamente ligada à ontogênese e filogênese do cérebro humano. O ser humano tem habilidade de esperar por período de tempo mais longo do que outras espécies. Esse poder de espera não é um ato passivo; implica na habilidade humana de inibir respostas instintivas e de recompensa imediata. Essa inibição nos permite criar um senso de passado e de futuro e usar o nosso pensamento e o autodiscurso (metalinguagem) para controlar nosso comportamento, separando emoções das informações do ambiente externo. Assim, separar as informações em partes que facilitam compreender a ordem temporal das informações e a síntese e a análise dos resultados dessas interações propiciaria a internalização das emoções úteis para modular nosso comportamento em busca de objetivos.

Assim, as dificuldades da criança com sentido da gratificação mais tardia interfere na capacidade da criança de planejar e antecipar atividades e visualizar o seu futuro. Por outro lado, elas não parecem limitadas pelo medo do futuro e enfrentam riscos maiores do que as pessoas sem TDAH. A busca de recompensa imediata sem o devido controle torna as crianças com TDAH mais suscetíveis a maus hábitos como: fumar, ingerir bebida alcoólica em excesso, dirigir sem cuidado, cometendo acidentes de trânsito, não usar métodos anticoncepcionais. O uso da habilidade da linguagem para controlar o comportamento, denominado comportamento guiado por regras, é disfuncional nas crianças com TDAH.

A habilidade de separar fatos de sentimentos pode estar prejudicada; e pode-se observar dificuldades relacionadas ao domínio da vontade e perseverança na resolução de problemas.

### Variações nos ciclos da vida

Em relação aos sintomas do transtorno, logo nos primeiros anos de vida, notam-se alterações no processo de desenvolvimento neurológico e emocional. Segundo alguns estudos, as mães de crianças com TDAH relataram que seus filhos se mexiam muito, mesmo antes do nascimento (vida intrauterina). Algumas crianças, desde cedo, mostram-se muito irritadiças, choram muito nos primeiros meses de vida, movendo-se durante o sono e acordando várias vezes durante a noite.

Em geral os sintomas do TDAH se expressam de maneira bastante semelhante nas diferentes etapas da vida da criança e podem se manifestar numa idade bem precoce. Lactentes podem manifestar desde o berço flutuações do ciclo sono-vigília, irritabilidade e movimentação intensa. Histórias prévias de distúrbios de sono são encontradas em quase 70% dos casos de crianças de 7 anos nas quais o TDAH foi confirmado.

No período pré-escolar, muitas crianças manifestam uma inquietude e energia muito maior do que as crianças da mesma faixa etária. Os pais queixam-se frequentemente de que a criança não aceita horários para vestir-se, tomar banho, e apresenta episódios mais frequentes de birra, ira e explosões de temperamento. São descritos maior nível de atividade, flutuação do humor e maior variabilidade e menor adaptabilidade ou capacidade de ajustar-se a mudanças e ritmicidade de sono, do despertar, dos períodos de comer e das eliminações.

A presença destas características de temperamento no início da vida são fortes indicativos do risco para o desenvolvimento de TDAH tardio, isto é, humor negativo com baixa adaptabilidade, crises de birra, e irregularidade no padrão sono-vigília são fatores de risco, mas não garantem o diagnóstico antes dos 6 anos de idade. É importante ressaltar que no período pré-escolar a presença de problemas psicológicos ou psiquiátricos nos pais parece ser um dos indicadores prognósticos do desenvolvimento do TDAH em idades posteriores. As pesquisas sugerem que, em fases mais precoces, a própria habilidade de controle e modelização positiva dos pais, não elevando a voz com frequência, desenvolvendo um estilo menos punitivo, estabelecendo um padrão flexível de regras, recompensa e assertividade nos limites contribuem para o melhor controle inibitório das crianças.

Pais muito hostis ou rígidos, bem como a ocorrência de problemas conjugais no casal contribuem para o risco alto de crianças pré-escolares predispostas a desenvolverem o quadro de TDAH. Na maioria dos casos, o diagnóstico já é nítido quando as crianças têm 3 ou 4 anos de idade, mas a presença precoce dos sintomas não garante que o TDAH persistirá. Se o padrão for persistente por, no mínimo, um ano, provavelmente o diagnóstico persistirá.

O diagnóstico definido geralmente é firmado apenas na idade escolar, quando as habilidades escolares exigem uma maior maturação de sistemas biológicos relacionados à persistência motora para atender, escutar, inibir um comportamento impulsivo, organizar ações e interagir de maneira cooperativa com outras crianças.

Inúmeros estudos têm indicado que, ao contrário do que se pensava, os sintomas não desaparecem na adolescência; tendem a permanecer e continuar na vida adulta. Estudos longitudinais mostram que o TDAH persiste na vida adulta em torno de 60% a 70% dos casos. A partir da adolescência, os sintomas do TDAH mudam sua apresentação; a maioria dos jovens não apresentará, por exemplo, a hiperatividade; entretanto, um grande número manifestará uma persistência dos sintomas de disfunção executiva, que incluem dificuldades organizacionais, na administração do tempo, no planejamento e no processo de tomada de decisões; e os sintomas que permanecerão serão suficientes para causar prejuízos significativos em diversas áreas.

Adultos ou adolescentes com TDAH geralmente apresentam dificuldade em sustentar a atenção em reuniões, leituras e trabalhos tediosos, são mais lentos e adiam suas tarefas (muitas vezes, deixando-as para a última hora), têm dificuldade no manejo do tempo, são desorganizados e geralmente sobrecarregados.

Também são observadas dificuldades em gerenciar emoções, como romper relacionamentos de maneira impulsiva, perda ou abandono de empregos de forma brusca e problemas na direção de veículos, envolvendo-se em acidentes de trânsito com maior frequência. Histórico de fracassos ao longo da vida (com evidente comprometimento da autoestima) e dificuldades nas seguintes áreas: comunicação efetiva com seus interlocutores, organização de rotinas pessoais e domésticas, completar os estudos ou especializar-se, encontrar e manter um bom emprego, desenvolver a intimidade em uma relação amorosa, além de problemas na administração das finanças pessoais e no manejo do uso de substâncias, são relatados.

Existe um impacto importante no adolescente com TDAH quando não tratado. Além dos fatores citados, adolescentes com TDAH podem ter maior frequência de comportamento delinquente, abuso de drogas ou alcoolismo. A presença de TDAH é um fator de risco para abuso de drogas: a prevalência na vida para abuso/dependência de drogas é de 54% entre adultos portadores de TDAH, enquanto essa mesma prevalência é de 27% entre não portadores do transtorno. Normalmente, o uso de substâncias é iniciado com álcool ou tabaco, seguido por maconha ou outra droga de abuso. O tratamento farmacológico do TDAH reduz o risco para o desenvolvimento de abuso/dependência de drogas à metade, ou seja, para o mesmo nível da população geral.

# 5
## Avaliação neuropsicológica

O objeto da neuropsicologia é o estudo da relação entre as funções mentais e as estruturas cerebrais. Assim, quando avaliamos as funções neuropsicológicas do TDAH, é importante que tenhamos em mente que estamos avaliando a integridade funcional das áreas de atenção já descritas, particularmente aquelas que estão incluídas nas funções executivas envolvidas nas habilidades de geração de intenções, seleção de alvos com planejamento e antecipação de consequências e estratégias e monitorização do comportamento.

Como já vimos, grande parte do suporte neuroanatômico dessas funções se relaciona à área pré-frontal e às suas conexões com as áreas motoras límbicas, bem como às áreas associativas do córtex posterior. Tais áreas também estão intimamente relacionadas com a habilidade de manutenção das informações mentais, para que haja a manipulação rápida como as envolvidas nas atividades motoras e de linguagem. Esta reserva dinâmica de informações *on line* é conhecida como memória de trabalho ou memória operacional.

A avaliação da memória operacional de crianças com TDAH parece ser um dos aspectos essenciais das disfunções neuropsicológicas que podem explicar algumas das manifestações fenotípicas do transtorno. A memória operacional é constituída basicamente por um componente executivo da atenção e por dois subcomponentes de suporte ou apoio, um visoespacial e outro fonológico.

O comprometimento da memória operacional das crianças com TDAH pode ser explicado pelo fato de que as vias que modulam a memória operacional são dopaminérgicas, que são as mais envolvidas na fisiopatologia do transtorno. O comprometimento do sistema visoespacial causaria mais a disfunção atencional que a hiperatividade, enquanto o componente fonológico envolveria a regulação da linguagem, as dificuldades de aprendizagem bastante frequentes em crianças com TDAH.

Muitos estudos têm recomendado que a avaliação neuropsicológica com base em instrumentos amplamente investigados na literatura internacional é essencial para a determinação de possíveis distúrbios do desenvolvimento cognitivo da criança com TDAH, com ênfase nos testes de atenção.

Testes de atenção sustentada, como o *Continuous Performance Test* — CPT (Conners, 2002), têm sido um dos principais paradigmas utilizados na avaliação da atenção e incluem medidas de vigilância, bem como a inibição de resposta, um componente do controle executivo. Esse teste tem sido aplicado largamente como instrumento de diagnóstico em crianças com TDAH.

Rielly et al. (1999) e Palumbo e Diehl (2007) referem que apesar de o CPT ter alta sensibilidade (em torno de 88% na detecção do TDAH), ele apresenta baixa especificidade (da ordem de 20% a 37%) para a identificação de diferentes subtipos de TDAH.

No entanto, nos últimos anos, o papel da avaliação multidisciplinar no TDAH vem passando por uma reciclagem e ganha atenção de vários países em diversos centros de excelência, e, a partir daí, o cenário passa por uma reforma, em que se criam novas bases para ações mais precisas. A avaliação interdisciplinar visa a delimitar melhor o grau de interferência do

TDAH no que diz respeito aos fatores sociais, afetivos, escolares, bem como sugerir quais os cuidados profissionais, familiares e escolares essenciais para um planejamento estratégico. A obtenção de informações sobre o funcionamento familiar, a caracterização socioeconômica e o bem-estar dos pacientes é essencial para a avaliação dos benefícios das intervenções terapêuticas, porque fornece evidências sobre os impactos do transtorno e do tratamento em termos de condições de saúde e qualidade de vida.

A emergência de várias hipóteses em relação à etiologia e ao impacto neuropsicológico no TDAH tem gerado vários trabalhos e esforço para determinar a utilidade clínica de testes neuropsicológicos nas múltiplas áreas relacionadas à inibição motora, planejamento e organização, memória operacional. A falta de um protocolo que determine um padrão ouro na avaliação clínica e neuropsicológica do TDAH reforça a necessidade de estudos que estabeleçam variáveis múltiplas objetivas, com a finalidade de se estabelecer quais os instrumentos que são mais apropriados para o diagnóstico de crianças com TDAH.

No entanto, é ainda controversa a definição de quais instrumentos são os mais adequados e sensíveis à heterogeneidade clínica do TDAH, bem como em que medida a avaliação multidisciplinar deve ser ponderada e sobreposta aos critérios clínicos e do exame neurológico e psiquiátrico detalhados.

O serviço do NANI (Núcleo de Atendimento Neuropsicológico Infantil Interdisciplinar) tem como objetivo analisar as características clínicas e neuropsicológicas de crianças encaminhadas para o ambulatório de TDAH, bem como delimitar os indicadores clínicos e neuropsicológicos utilizados no protocolo de crianças com suspeita de TDAH.

Em nosso protocolo de avaliação, após observação de tarefas lúdicas, em um grupo de três a quatro crianças com provas coletivas de reprodução de história, reprodução conjunta de desenho (também coletiva) da história narrada, avaliamos a presença de comportamentos cooperativos, opositores e/ou disfuncionais, as crianças são submetidas a um exame neurológico minucioso, incluindo o exame neurológico, avaliação psiquiátrica e neuropsicológica.

## Avaliação neuropsicológica da atenção

Diversos testes e procedimentos de avaliação da atenção têm sido desenvolvidos e são empregados tradicionalmente na prática clínica atual. Alguns desses instrumentos são descritos a seguir.

### 1) Avaliação da atenção seletiva

- Testes de cancelamento. Neste tipo de procedimento realizado com lápis e papel, indivíduos são solicitados a identificar e registrar com um traço (cancelar) um determinado estímulo-alvo (símbolos, desenhos ou letras) entre vários distratores, em um tempo limitado — geralmente, em um ou dois minutos. Além do número de acertos, a avaliação do desempenho abrange a identificação do número de erros do tipo ação (cancelar estímulos distratores) e do tipo omissão (não cancelar estímulos-alvo). Um aumento desses erros nos períodos finais do teste pode ser interpretado como fadiga. A maior ocorrência de omissões em um dos lados da folha de papel pode indicar sinais de dificuldades de percepção do campo visual.
- Teste de trilhas (*Trail Making Test*). Neste é utilizada uma folha de papel com 25 números dispostos aleatoriamente, e o indivíduo deve conectar os números em ordem cres-

cente com um lápis (parte A). Em outra variante, além de números, estão dispostas letras (parte B). A tarefa consiste em conectar alternadamente os números em ordem crescente e as letras em ordem alfabética. O desempenho é investigado com base no tempo de execução e no número de acertos. Além de indicar dificuldades de atenção seletiva, a presença de erros neste teste sugere dificuldades de controle inibitório.

- Teste de Stroop. Trata-se de um procedimento de avaliação de atenção seletiva e também de controle inibitório que tem sofrido muitas variações. Envolve geralmente a apresentação de cartões, um com palavras com nomes de cores impressas nestas mesmas cores (condição congruente) e outro com palavras impressas com cores diferentes das que representam (condição incongruente). Nesta última tarefa, o sujeito é orientado a dizer o mais rapidamente possível os nomes das cores das palavras impressas. O desempenho é investigado em termos de tempo de reação, número de erros, facilitação e interferência. Por exemplo, na tarefa descrita, um tempo de resposta aumentado e uma maior frequência de erros revelam um efeito de interferência do atributo semântico (o nome das palavras) sobre o desempenho.

## 2) Avaliação da atenção sustentada

Atualmente, destacam-se na avaliação neuropsicológica da atenção sustentada certos instrumentos informatizados que se baseiam fundamentalmente na apresentação de estímulos-alvo com um tempo de exposição variável entremeados a outros estímulos (distratores). A tarefa do indivíduo consiste em responder seletivamente ao estímulo-alvo em um período de tempo mais prolongado. Dois instrumentos são descritos.

- Teste de Atenção Visual (TAVIS). Este teste informatizado, destinado especificamente a crianças e adolescentes, foi desenvolvido no Brasil por Duchesne e Mattos em 1997. Envolve três tarefas distintas. Na primeira, o indivíduo deve responder apenas a um estímulo-alvo, ignorando os distratores. Na segunda, deve responder ao aparecimento dos estímulos seguindo duas condições — cor/forma (para adolescentes) ou igual/diferente (para crianças). A terceira tarefa, por fim, demanda que o indivíduo responda a um estímulo-alvo por um tempo mais prolongado (10 minutos para adolescentes e 6 para crianças).
- Teste de desempenho contínuo, ou Continuous Performance Test (CPT). Este teste de atenção visual contínua envolve como estímulos as letras do alfabeto, sendo o estímulo-alvo o X, para a faixa etária a partir de 6 anos. Para as idades de 4 e 5 anos, são usados desenhos. A tarefa consiste em teclar a barra de espaços do computador o mais rapidamente possível a cada aparecimento de uma letra, exceto o X (ou a bola). Há uma variação no tempo de exposição interestímulos; blocos de exposição mais rápida ou mais lenta são alternados ao longo do tempo total de execução do teste, 14 minutos (6 minutos para crianças de 4 e 5 anos). Diferentes escores configuram traços de desatenção (como uma taxa aumentada de omissões ou um tempo médio de reação mais lento), impulsividade (como a taxa aumentada de comissões — respostas ao X — ou o tempo médio de reação mais rápido) e baixa vigilância (como alterações no tempo de reação por blocos de apresentação).

Há variações deste teste que adotam estímulos auditivos, e não visuais.

## Comorbidades

O TDAH está relacionado a uma elevada taxa de associação com problemas comportamentais e psiquiátricos, principalmente o transtorno desafiador opositivo, transtorno de conduta, transtornos do humor e de ansiedade, tabagismo e abuso de certas substâncias.

Neste sentido, a associação de TDAH com outras condições clínicas encontra-se entre 30% e 50% dos casos, embora em algumas situações esse número possa ser ainda maior. Estes dados ressaltam que do ponto de vista de custo social o TDAH não é uma condição benigna que não necessita de tratamento, como defendem alguns setores médicos e mesmo alguns da mídia leiga que inconsequentemente minimizam seu impacto.

Estudos comunitários apontam que até 44% das crianças com TDAH tinham pelo menos um transtorno psiquiátrico comórbido, 32% tinham dois outros, e 11%, pelo menos três. Já amostras clínicas com crianças pré-escolares e escolares com diagnóstico de TDAH e encaminhadas para tratamento clínico mostram que pelo menos 75% dos pré-escolares e 80% de crianças em idade escolar tinham pelo menos mais de um transtorno comórbido, com uma média de 1,4 transtorno adicional. A co-ocorrência de transtornos psiquiátricos piora o prognóstico, modifica o planejamento terapêutico e diminui a aderência ao tratamento. Por exemplo, o TDAH associado a transtorno de humor predispõe ao abuso de substâncias na adolescência, enquanto o TDAH isolado é um fraco fator de risco para abuso de certas substâncias.

---

A associação de TDAH com outras condições clínicas encontra-se entre 30% e 50% dos casos, embora em algumas situações esse número possa ser ainda maior.

# 6
## TDAH e transtornos de aprendizagem

Os transtornos de aprendizagem incluem as dificuldades da aprendizagem escolar e condições mais crônicas relacionadas ao desenvolvimento de leitura e escrita, disgrafia e alterações no desenvolvimento da matemática. Tais transtornos não são devidos diretamente ao TDAH mas ao fato dos circuitos neurofuncionais já descritos serem comuns em vários transtornos; daí a associação múltipla com os transtornos específicos de aprendizagem.

Neste sentido, nas crianças com TDAH, a prevalência de transtornos de aprendizado situa-se entre 20% e 80%, sendo que as grandes variações ficam por conta de diferenças metodológicas. Alguns estudos relacionam o TDAH com o rendimento escolar, porém é importante ter-se em conta que baixo rendimento não significa necessariamente transtorno de aprendizagem.

Pesquisas na área sugerem que os problemas de atenção e aqueles de aprendizado sejam entidades separadas, mas frequentemente co-ocorrentes. Entre as crianças com transtorno específico de leitura e escrita (dislexia), 30% têm sintomas de TDAH. Tais déficits, quando presentes, convergem para problemas principalmente relacionados ao processamento fonológico (manipulação da estrutura sonora das palavras) nas áreas pré-frontais. Em crianças com TDAH e dificuldades da leitura, o tratamento medicamentoso com estimulantes pode associar-se a uma melhora na automatização e na rapidez de nomeação da leitura e da escrita.

Algumas crianças com TDAH apresentam associação com transtorno de aprendizagem não verbal, no qual o conteúdo da linguagem falada está preservado mas frequentemente observam-se problemas com aptidões espaciais e cognição social.

Embora dificuldades na área da matemática sejam particularmente comuns, a presença de um Transtorno da Aritmética (discalculia) é rara. No TDAH, os erros nos cálculos são primariamente consequentes da distração.

## TDAH e transtornos de ansiedade

Os transtornos de ansiedade são estados emocionais repetitivos ou persistentes nos quais a antecipação de situações e conflitos é vivenciada de maneira exagerada, podendo observar-se manifestações físicas e psicológicas recorrentes na ausência de um estímulo provocador racional.

Na verdade, as manifestações da ansiedade são as mesmas do medo. Isto faz sentido porque o organismo, frente ao agressor do mundo externo ou interno, prepara-se para a luta ou a fuga. Os sintomas físicos são taquicardia, taquipneia, midríase, tremores, contraturas musculares, aumento do peristaltismo e sudorese. Os sintomas psíquicos incluem sensação de estranheza ou de irrealidade, medo de perder a consciência, ou de morrer. Na criança, as respostas motoras incluem também flutuações do ciclo sono-vigília, comportamentos repetitivos de irritabilidade como choro frequente, chupar dedo e roer unhas.

A prevalência estimada desta comorbidade, em amostras clínicas, é de 30% a 40%.

Dificuldades para dormir e queixas somáticas são comuns, além dos medos e das preocupações excessivas que dificultam ainda mais a adaptação escolar, social e familiar. É importante ressaltar que muitas vezes o diagnóstico de ansiedade generalizada pode ser confundido com os próprios sintomas cardinais do TDAH, uma vez que a ansiedade pode levar a bloqueio cognitivo, distratibilidade e problemas na regulação dos impulsos. A determinação de padrões pré-mórbidos e a delimitação de estressores ambientais e de situações específicas (provas, mudança de casa ou de escola, *bullying*) devem ser cuidadosamente investigadas, bem como escalas específicas de estresse e ansiedade podem servir de auxílio na delimitação dos transtornos de ansiedade da infância.

Crianças com ansiedade generalizada podem apresentar piora do quadro com o uso de medicação estimulante. Intervenções psicoterápicas neste grupo devem ser instituídas precocemente, e em alguns casos o tratamento medicamentoso deve ser adiado em períodos mais favoráveis do ciclo de vida da criança.

A ansiedade pode ser verificada em crianças com TDAH associada a problemas reativos às disfunções cognitivas e acadêmicas primárias do TDAH. Nestes casos, o tratamento precoce, incluindo a medicação estimulante com a melhora da atenção, pode representar uma melhora da autoestima e do enfrentamento de situações acadêmicas que, previamente ao tratamento, eram aflitivas para a criança.

## TDAH e depressão

As características específicas da depressão em crianças e adolescentes podem dificultar o diagnóstico. Sabe-se que o humor tende a ser mais irritável do que deprimido, há dificuldade para lidar com a frustração, as queixas somáticas são frequentes, o abuso de substâncias ilícitas e condutas antissociais também ocorrem mais comumente. Visto que a depressão pode assumir muitas formas, é um desafio reconhecê-las. A sintomatologia da depressão infantil é particularmente variada. Os mais importantes sintomas são: autodepreciação, perda da energia vital, perda de iniciativa, distúrbios de sono e do apetite, queixas somáticas como dor de cabeça e dores abdominais.

Sintomas de depressão costumam ser frequentes em amostras clínicas de crianças com diagnóstico de TDAH. Dados de revisão de literatura encontraram entre 15% e 75% de comorbidade de transtorno depressivo ou transtorno distímico em casos de TDAH. Mas a maioria dos trabalhos se situa na faixa de 9% a 32%.

> A baixa autoestima e a autodepreciação vivenciada pelas crianças com TDAH poderiam explicar os quadros depressivos, em função de críticas, repreensões, castigos, piadas e comentários negativos com relação ao seu comportamento desde a infância?

Estudos com grupos clínicos de pré-escolares e escolares com TDAH e depressão/distimia argumentam que essa associação reflete uma sobreposição entre dois transtornos clínicos, e que a depressão não pode ser explicada unicamente como reflexo da desmoralização por fracassos ocorridos na vida.

A comorbidade da depressão com TDAH está associada a uma condição pior do que os dois transtornos isolados. Essa comorbidade também está associada a problemas de estresse familiar e pessoal, de sintomas depressivos e outros transtornos de humor nos pais.

O tratamento deve ser eficaz para tratar toda a sintomatologia apresentada. O metilfenidato tem ação antidepressiva leve e é a primeira opção para o controle do TDAH. A combinação de inibidores seletivos da recaptação da serotonina (ISRS) nos casos de depressão moderada é segura e adequada. O uso de antidepressivos tricíclicos, diferentemente do que ocorre com seu uso em adultos, não apresenta evidência de eficácia.

## TDAH e transtorno bipolar

O transtorno bipolar (TB) é um transtorno mental grave e a sua associação comórbida com o TDAH é bastante controversa. Em parte, isto se deve à definição e aos critérios diagnósticos do DSM-IV aplicados à criança. Para estas, não é exigida a presença da mania típica, podendo ser substituída por humor irritado; além da forma episódica, característica dos adultos, podem apresentar-se de forma crônica em crianças.

A dificuldade diagnóstica nas crianças com TB se dá pelo fato de que muitos sintomas do TDAH também aparecem na lista dos quadros de mania. Esta sobreposição de sintomas cria um grande dilema para os clínicos ao tentarem realizar um diagnóstico diferencial entre TB e TDAH. A irritabilidade marcada associada a significativo descontrole de impulsos é a alteração de humor mais comum em crianças e adolescentes com TB, já que estas tendem a não apresentar apenas humor eufórico, como nos quadros clássicos do adulto.

Crianças e adolescentes com TDAH podem apresentar irritabilidade e descontrole de impulsos, porém, tendem a ser mais pontuais quando associados ao transtorno, ou seja, frente a uma frustração ou contrariedade, e após um tempo razoavelmente curto, desaparecem. Normalmente, não há alteração de humor permanente ou mesmo em períodos longos nos indivíduos com TDAH. Na verdade, uma parcela significativa das crianças com o transtorno e sem outras comorbidades é descrita como alegre, despreocupada e de fácil socialização. Eventualmente, quando o mesmo se associa ao transtorno de oposição desafiante, a diferenciação entre a oposição constante a regras e irritabilidade pode ser mais difícil.

Wilens e colaboradores (2002) observaram que 26% das crianças pré-escolares e 18% das escolares com TDAH preenchiam critérios para TB. As crianças com TB e TDAH parecem ter início mais precoce da bipolaridade do que as que não tinham TDAH com idade média de início entre 2,6 a 3 anos quando coexistia com TDAH. Sintomas que devem ser considerados no diagnóstico diferencial com o TDAH:

---

**Exaltação de humor:** empolgação constante, piadinhas e acessos de gargalhada.

**Grandiosidade:** crença de que são poderosos e invencíveis.

**Hiperatividade e agitação:** inquietação, confusão e desordem, realização de várias atividades ao mesmo tempo e contínua busca de novidades.

**Diminuição de necessidade de sono:** levantam-se sem sentir cansaço ou sono.

**Hipersexualidade:** palavrões, masturbação excessiva ou em público, interesse aumentado em assuntos ligados a sexo.

**Momentos depressivos:** queixam-se de tudo, choram sem motivos, parecem tristes e infelizes, trancam-se no quarto, referem medos, dores, envolvem-se em atividades de risco, tornam-se irritados e grosseiros ("espinhosos").

---

De forma similar aos adultos, crianças e adolescentes com TB parecem apresentar história familiar para o transtorno mais frequentemente positiva do que controles normais, e pais com TB tendem a ter mais frequentemente filhos com o transtorno do que pais sem este diagnóstico. Portanto, a pesquisa de história familiar de TB é fundamental e pode ajudar o clínico na elucidação diagnóstica. Entretanto, vale lembrar que história familiar negativa por si só não descarta o diagnóstico. A importância clínica dessa diferenciação e do reconhecimento da comorbidade reside na diferente indicação terapêutica de acordo com a presença de um ou outro transtorno, ou ainda de ambos. No tratamento desta comorbidade, devemos primeiro tratar e estabilizar os sintomas do transtorno de humor com estabilizador de humor e/ou antipsicótico atípico. Somente após a estabilização do humor é que associamos metilfenidato ou bupropiona, se persistirem sintomas de desatenção, hiperatividade ou impulsividade residuais, uma vez que ao se utilizar tanto o metilfenidato quanto antidepressivos, principalmente os tricíclicos, pode se observar piora no quadro ou virada maníaca.

Quanto ao uso de estimulantes e a piora dos sintomas maníacos, observaram-se baixas taxas de ativação maníaca quando estimulantes foram dados para crianças com história de mania, em tratamento para o TB. Quando não ocorrer melhora com uso de estimulantes em crianças com diagnóstico de TDAH, deve-se fazer uma pesquisa de sintomas de bipolaridade.

## TDAH e transtorno desafiante de oposição (TDO) e transtorno de conduta (TC)

O transtorno desafiante opositor é um dos principais distúrbios disruptivos da infância, e seu diagnóstico é caracterizado pela presença de pelo menos quatro dos seguintes sintomas, com duração mínima de seis meses: perde a calma, discute com adultos, desacata ou se recusa ativamente a obedecer à solicitação ou às regras de adultos, adota um comportamento deliberadamente incomodativo, responsabiliza os outros por seus erros e pelo seu mau comportamento, apresenta-se susceptível ou se irrita com facilidade, apresenta-se enraivecido ou ressentido, apresenta-se rancoroso ou vingativo.

A presença de transtornos disruptivos é particularmente importante na amostra de portadores de TDAH. Crianças com hiperatividade tendem a ter o comportamento mais agressivo e opositivo, têm mais frequentemente baixa autoestima e sintomas depressivos. Isso nos permite supor, a partir das observações de diferentes estudos, a presença de dificuldades interpessoais.

Estima-se a associação de TDO com TDAH em aproximadamente 15% a 56% das crianças, particularmente os do tipo combinado e hiperativo-impulsivo.

O transtorno de conduta é caracterizado pela presença de pelo menos três dos seguintes sintomas: frequentemente tem comportamento agressivo ou ameaçador, frequentemente briga ou luta com crianças e adultos, já utilizou algum objeto para fazer ameaça (garrafa, faca etc.), já maltratou pessoas ou animais, já roubou algo de alguém, já colocou fogo em objetos ou móveis, já se envolveu com destruição de patrimônio, mente com frequência, já fugiu de casa ou da escola, já iniciou atividade sexual e já forçou a pessoa (para maiores de 10 anos).

Os problemas de conduta mais encontrados nestas crianças são mentira, furto e em grau menor a agressividade física. Estudo longitudinal com 976 crianças acompanhadas até a idade adulta mostrou que o TDAH estava fortemente correlacionado com TDO/TC em todos os quatro períodos de seguimento. Este dado demonstra que se trata de comorbidade verdadeira entre os transtornos, e não de um acaso.

As crianças com TDAH e TDO/TC comórbido apresentam maior nível de impulsividade do que as só com TDAH ou com transtorno de ansiedade (TA). Por outro lado, crianças com TDAH, TA, TC ou TDO são similares, quanto à impulsividade, àquelas com TDAH e TC ou TDO sem TA. Nesses casos, o TDO não diminui os sintomas de hiperatividade e impulsividade em crianças com TDAH. Isso mostra que o núcleo psicopatológico em indivíduos com transtornos comórbidos pode mudar quando uma condição adicional é acrescentada ou retirada da combinação.

Estudos apontam diferenças neurobiológicas entre TDAH e TC envolvendo o sistema serotoninérgico na agressividade, mas não no TDAH, sendo que neste estão mais envolvidos os sistemas dopaminérgicos do que na agressividade. A associação entre TDAH e TOD/TC apresenta maior taxa de erros por impulsividade nos testes de desempenho.

As explicações para esta comorbidade envolvem múltiplas questões, envolvendo análise familiar, fenomenológicas e genéticas. Estudo familiar apontou que o risco de aparecimento de TDO em familiares de pacientes com comorbidade é três vezes maior do que em pacientes só com TDAH e dez vezes maior do que em familiares de pacientes-controle, o que indica uma associação familiar. Estudos familiares com pacientes portadores de TDAH e TC mostraram a presença de comportamentos antissociais.

Outra possibilidade é de que a combinação de TDAH e TC represente um transtorno ou subtipo de TDAH mais grave do que cada transtorno sozinho. A combinação apresenta início mais precoce e sintomas mais graves e estáveis do que cada transtorno individualmente, inclusive maior probabilidade de apresentar transtorno de personalidade e/ou atitudes antissociais do que indivíduos com cada transtorno puro.

Pacientes portadores de TDAH e TDO devem receber medicação para o TDAH, preferencialmente o metilfenidato, associada à terapia comportamental cognitiva (TCC) e orientação para pais. No caso da comorbidade com TC, o prognóstico é mais reservado, e deve incluir medicação (metilfenidato) mais TCC e, em casos mais graves, deve-se introduzir a Risperidona, que teve a sua eficácia demonstrada no tratamento dos comportamentos disruptivos.

## TDAH e distúrbio do desenvolvimento da coordenação

O TDAH pode apresentar-se comórbido com problemas motores também designados como distúrbio do desenvolvimento da coordenação (DDC) (DSM-IV, 1994), que interfere significativamente no aprendizado escolar ou nas atividades da vida diária e que não é causada por uma enfermidade médica clínica.

As crianças com TDAH, quando comparadas aos controles, apresentam maior quantidade e diferente qualidade de movimento. Atualmente, se aceita a combinação entre TDAH e DDC como um evento comum, que pode chegar a 50% das crianças com TDAH, sendo que na população geral a prevalência de DDC isolada é estimada em torno de 10%. A presença de complicações perinatais se nota mais frequentemente nessas crianças quando comparadas com controles. Acredita-se que a principal causa do DDC seja uma incapacidade no planejamento e na execução de ações motoras (dispraxia do desenvolvimento).

O diagnóstico é feito através de um cuidadoso exame motor associado ao preenchimento de critérios para TDAH. Problemas motores podem ser melhorados por programas de treinamento que focalizem as habilidades de percepção e movimento. As crianças com esta associação apresentam atrasos na aptidão de pedalar e no início da linguagem falada. Há uma propensão aumentada a acidentes e condicionamento físico abaixo do esperado para a idade. Boa parte das crianças não supera suas dificuldades motoras, e a essas, somam-se prejuízos do desenvolvimento em outras áreas; isso torna importante o treinamento repetitivo de aptidões específicas.

A escola e a família devem ser orientadas a agir de modo a incentivar a realização de tarefas de modo independente, minimizando os efeitos sociais do problema, que acabam interferindo na autoestima e na autoconfiança física da criança. Essa falha no desenvolvimento de atividades físicas competitivas faz com que a criança assuma frequentemente postura sedentária e passe a considerar-se como "não atlética", relacionando-se com crianças que têm as mesmas dificuldades. Os efeitos da medicação sobre os sintomas cardinais do TDAH parecem semelhantes em indivíduos com e sem DDC associada.

# 7

# Outras alternativas para o tratamento do TDAH — ômega-3

Estudos recentes têm relacionado o consumo de alimentos que são fontes de ômega-3 com a melhora da concentração e da memória, aumento da motivação e da velocidade de reação, aumento das habilidades motoras e prevenção de doenças degenerativas. O ácido linolênico [18:3(9,12,15)] é um ácido graxo ômega-3. Esses ácidos graxos são considerados poli-insaturados (PUFA) essenciais, ou seja, conseguidos apenas através da dieta, não são produzidos pelo organismo.

Dentre os benefícios do consumo de ômega-3 pode-se destacar: diminuição das taxas de triglicérides e do colesterol total sanguíneo, redução da pressão arterial de indivíduos com hipertensão leve, diminuição da incidência de doenças coronarianas e aterosclerose, melhora na resposta inflamatória e consequentemente no sistema imunológico, prevenção na formação de coágulos e aumento de vasodilatação. A deficiência de ômega-3, em particular, está associada a transtornos psiquiátricos e do neurodesenvolvimento.

Os ácidos graxos fazem parte de fosfolípides e consequentemente de todas as membranas biológicas. Os dois principais ácidos ômega-3 são o ácido eicosapentanoico e o docohexaenoico. Este último é um importante componente estrutural das membranas neuronais, e a sua deficiência pode mudar a função na atividade de receptores, de enzimas e de outras proteínas na membrana fosfolipídica. Atualmente, dietas ricas em peixes têm sido muito investigadas devido a um dos principais nutrientes deste alimento, o ômega-3.

Além disso, está relacionado com a inibição da depressão e agressividade e com a diminuição da proliferação de células cancerígenas, assim como a diminuição de reações alérgicas. Alguns estudos demonstram que a deficiência de ômega-3 está associada à depressão, à esquizofrenia, ao déficit de atenção, à hiperatividade e à agressividade.

## Tratamento não farmacológico

As pesquisas mostram que os pais de crianças com TDAH se tornam demasiadamente diretivos e negativos na sua forma de educar, alterando o funcionamento psicossocial familiar. Como essas crianças apresentam comportamento desafiador, muitas vezes discordam e não respeitam as regras impostas pelos pais. Estes passam a se ver como incapazes ou menos habilidosos em desempenhar seu papel, gerando estresse e discórdia conjugal. Algumas características familiares podem agravar os sintomas da criança com este transtorno, incluindo o funcionamento familiar caótico, o alto grau de discórdia conjugal, a baixa instrução materna, famílias com nível socioeconômico mais baixo, famílias com apenas um dos pais, ou casos em que o pai abandona a família, famílias muito numerosas.

Além disso, pode haver um rendimento escolar abaixo do esperado e que, não raro, leva a problemas na esfera afetivo-emocional. Todos esses fatores colaboram para que o indivíduo, no futuro, apresente graus variáveis de comprometimento funcional e social, e sendo assim há a importância de pesquisas sistemáticas nas formas de diagnóstico e intervenção do TDAH.

Em consequência do grande aumento, nos últimos 10 a 20 anos, do uso de tratamentos farmacológicos, particularmente do uso de estimulantes, há a recomendação da Americam Academy of Child and Adolescent Psychiatry de que se tenha um sistemático monitoramento dos efeitos da medicação no comportamento das crianças. Considerada a primeira linha de tratamento, os estimulantes têm melhorado, consistentemente, os sintomas de TDAH em crianças e adolescentes; no entanto, alguns indivíduos continuam a experienciar significativo prejuízo funcional, ou seja, no dia a dia, e ainda há aqueles que optam por não utilizar farmacoterapia.

Desde a década de 1970 têm ganhado força na literatura internacional os programas baseados na reabilitação neuropsicológica, que pela sua definição amplia a forma de tratamento: é um processo terapêutico que inclui modelos interdisciplinares que aliam intervenção medicamentosa, proposição de atividades de estimulação ou treino cognitivo, desenvolvimento de estratégias compensatórias e orientação aos cuidadores do paciente, visando à diminuição do impacto do déficit no dia a dia da criança.

A reabilitação cognitiva, baseada em programas de treinamento, pode ser voltada tanto para o manejo de dificuldades acadêmicas, envolvendo leitura, escrita e cálculos, como para funções cognitivas, como a atenção e a memória. Porém, esses programas não devem ter um fim neles mesmos, mas têm que refletir um aprendizado que possa ser generalizado para as situações do dia a dia, permitindo que o paciente encontre autonomia e independência frente à demanda do ambiente. Ou seja, há uma ênfase particular não apenas na natureza das atividades de estimulação a serem organizadas como também na importância da interação entre a criança e seus pais e no trabalho cooperativo dos profissionais que lidam com a criança.

Uma revisão dos últimos estudos publicados na literatura mostra que há vantagens em tratamentos multimodais, que seriam aliar medicamento a outras intervenções como psicoterapia, psicoeducação, treinamento de habilidades para os pais ou orientações à escola.

A terapia cognitivo-comportamental (TCC) é a principal modalidade não medicamentosa citada na literatura internacional (aliada ao trabalho de orientação aos pais), pois atuaria nos déficits comportamentais principais da criança com TDAH, como o déficit do comportamento inibitório, de autorregulação da motivação, do limiar para ação dirigida a um objetivo, entre outros.

A suposição inicial (The MTA Cooperative Group, 1999) que estabelecia que a TCC é pouco efetiva para o tratamento do TDAH, comparada à medicação, e de que seria, potencialmente, não necessária como parte de um planejamento típico do tratamento do TDAH, tem sido também questionada mais recentemente.

Há grande relevância em estudos de treinamento de habilidades específicas como da memória operacional, na medida em que há déficits dessas habilidades na criança com TDAH, não se limitando apenas aos problemas de comportamento. Estudos de eficácia de tratamento do TDAH não devem se restringir apenas ao uso de medicação ou de técnicas psicoterápicas, pois o uso de treinos cognitivos, como da memória operacional e da atenção, tem como princípio não somente remediar os déficits cognitivos específicos, mas também auxiliar o indivíduo a utilizar efetivamente estratégias compensatórias, generalizando para tarefas da vida diária.

Papazian et al. (2009) mostraram a efetividade de técnicas de treinamento das funções executivas em crianças pré-escolares com sintomas de TDAH. Já outros estudos têm enfocado o treinamento da atenção com o uso do Attention Process Training-APT, desenvolvido para ser empregado em programas de reabilitação. Assim, estudos de eficácia de tratamento do TDAH não devem se restringir apenas ao uso de medicação ou de técnicas psicoterápicas e, portanto, programas de intervenção do TDAH requerem essencialmente a participação de equipe interdisciplinar, além do envolvimento da família e dos serviços educacionais.

## Por que e o que são essas técnicas

Funções executivas (que incluem a atenção e a memória operacional) se referem a um conjunto de habilidades que, de forma integrada, permitem ao indivíduo direcionar comportamentos a metas, avaliar a eficiência e a adequação desses comportamentos, abandonar estratégias ineficazes em prol de outras mais eficientes e, desse modo, resolver problemas imediatos, de médio e longo prazo. Por meio do uso dessas habilidades, podemos planejar e organizar as atividades, focar, direcionar, regular, gerenciar e integrar funções cognitivas, emoções e comportamentos, visando à realização de tarefas rotineiras, até mesmo à resolução de novos problemas. E ainda são processos fundamentais na aprendizagem escolar, pois permitem o processamento de informações, a integração dessas, bem como os processos mnêmicos (estratégias de memorização e recuperação da informação armazenada na memória, na programação de respostas motoras e comportamentais).

Em relação à memória operacional, essa é hoje uma das funções cognitivas mais estudadas pelos pesquisadores da área, principalmente a capacidade de memória operacional. A memória operacional é entendida como um sistema de capacidade flexível que armazena e manipula informações por um curto período de tempo, necessário para o funcionamento cognitivo efetivo nas atividades coloquiais, incluindo o rendimento escolar e profissional. Na perspectiva desse modelo, entende-se que as informações não são apenas mantidas temporariamente como também mentalmente manipuladas, o que é importante para a execução de certas operações ou tarefas intelectuais, como um cálculo mental.

Estudos têm revelado que o componente verbal da memória operacional contribuiria para o aprendizado de novas palavras e para a automatização da produção de fala durante a infância. Já o componente vísuo-espacial contribuiria para a aprendizagem de novas coordenadas visuais e espaciais. Em contraste, o seu funcionamento ineficiente foi associado a um baixo rendimento escolar.

Considera-se que a memória operacional esteja ativa no momento em que a atenção do sujeito volta-se para as informações que estão sendo processadas. Caso a atenção seja desviada, as informações aí contidas são perdidas em poucos segundos. Assim, nesse tipo de memória, a fragilidade do armazenamento, ou seja, a taxa de esquecimento é bastante rápida em função de interferência e/ou distração.

Dessa forma, algumas características da memória operacional são extremamente importantes. Primeiro, é um sistema extremamente útil e flexível que usamos no dia a dia. Segundo, a memória operacional requer atenção e é propensa a uma perda catastrófica se a atenção é deslocada para outros contextos, por exemplo, quando nos distraímos com alguma interrupção; e como a informação não pode ser recuperada, uma vez que foi perdida, este é um sistema extremamente frágil. Terceiro, a capacidade de memória operacional é limitada. Essa capacidade varia entre indivíduos, mas para qualquer pessoa existe um limite e se esse limite é excedido a informação é perdida. Finalmente, nós temos acesso consciente ao conteúdo da memória operacional, nós sabemos o que armazenamos com sucesso e sabemos quando a informação foi perdida.

Tarefas usuais de capacidade de memória operacional envolvem tarefas complexas, nas quais o sujeito deve armazenar e processar a informação simultaneamente. Por exemplo, há uma tarefa bastante utilizada em que apresentamos ao sujeito sentenças as quais ele deve dizer se são verdadeiras ou falsas (por exemplo, abacaxis jogam futebol) e lembrar sempre da última palavra da sentença (futebol) na ordem em que essas foram lidas. A sequência de sentenças aumenta até o ponto em que o sujeito não pode mais recordar as palavras com acurácia, sendo aí determinada sua capacidade de memória operacional.

Na infância, principalmente, diversos estudos têm correlacionado a capacidade de memória operacional com desempenho acadêmico, sendo melhor preditor de sucesso acadêmico (habilidades de escrita, leitura e matemática) do que o nível intelectual medido pelo QI. Isso porque a memória operacional é responsável pelo controle da atenção e pelo processamento que está envolvido em uma grande variedade de funções reguladoras, incluindo recuperação da informação da memória de longo prazo.

Déficits seletivos em componentes da memória operacional são observados em crianças com transtorno do déficit de atenção e hiperatividade, prejuízos específicos de linguagem, lesões cerebrais congênitas e, ainda, em crianças com deficiência mental, independentemente da gravidade da deficiência ou de sua etiologia.

Em nosso centro de pesquisas, atualmente, estamos desenvolvendo um estudo que visa a analisar os efeitos de tratamentos isolados, como a utilização de medicação ou de treino cognitivo, e de tratamentos combinados, como a utilização de medicação aliada à terapia cognitivo-comportamental, ao treino cognitivo e à intervenção familiar nos sintomas cognitivos e comportamentais de crianças com transtorno do déficit de atenção/hiperatividade. Além disso, estamos realizando a tradução e adaptação do Programa Attention Process Training/Pay Attention e desenvolvendo um programa computadorizado para treino de memória operacional, baseado nos estudos Klingberg et al. (2005).

O estudo é extremamente relevante, e será útil a aquisição de novos conhecimentos sobre instrumentos de intervenção com base neuropsicológica em quadros de TDAH em nosso meio. Vamos explicá-las, pois, auxiliando pais e professores em conhecer as técnicas, estar-se-á propiciando melhor compreensão do quadro e das formas atuais de tratamento não medicamentoso.

## Terapia cognitivo-comportamental

A terapia cognitivo-comportamental é uma modalidade ou abordagem para a prática da ajuda psicológica. Ao descrever essa abordagem terapêutica para transtornos mentais e problemas psicológicos, é preciso salientar que essa terapia, seus conceitos e sua aplicabilidade provêm da somatória de diversas atividades científicas e formas de atuação clínica, como: psicologia experimental, análise do comportamento, behaviorismo metodológico e radical, psicologia cognitiva, terapia comportamental racional-emotiva, terapia multimodal, psicoterapia analítico-funcional, entre outras. Esse conjunto, agregado em evoluções históricas, metodológicas, aplicações clínicas e experimentais, dá corpo à Terapia Comportamental e Cognitiva (TCC) e a mantém atuante.

Elementos dessa abordagem envolvem avaliações sobre comportamentos, cognições e afetos entre o indivíduo que os emite em suas relações e sobre as circunstâncias em que estes (comportamentos, afetos e cognições) se apresentam, bem como suas consequências no ambiente. O conhecimento dessas informações, isto é, sua análise funcional, faz possível a modificação de comportamentos disfuncionais em indivíduos com transtornos psicológicos ou psiquiátricos.

Para tanto, usam-se princípios científicos da psicologia experimental e da teoria da aprendizagem, das relações com o ambiente atual e da mediação cognitiva como determinantes do comportamento, o que, para Beck (1997), transcorreria da seguinte forma:

a) Monitorar pensamentos automáticos negativos (cognições).

b) Reconhecer as conexões entre cognição, afeto e comportamento.

c) Examinar as evidências a favor e contra o pensamento automático distorcido.

d) Substituir essas cognições tendenciosas por interpretações mais orientadas à realidade.

e) Aprender a identificar e a alterar as crenças disfuncionais que predispõem a distorcer as experiências.

Manuais de tratamento para o TDAH em terapia comportamental e cognitiva são restritos em nosso meio. O único publicado para esta população é de Knapp et al. (2002). Existem também artigos sobre relatos de casos clínicos e propostas de tratamento do TDAH. No ambulatório de crianças com transtorno de déficit de atenção e hiperatividade do NANI está sendo realizado um manual de TCC (Coelho e Barbosa, *in press*) com proposta para 20 sessões de tratamento. Sua eficácia está sendo testada a partir de um estudo experimental.

## O treino de atenção com o Pay Attention!

A atenção é uma importante função da qual dependem outros vários processos cognitivos, como a memória e a aprendizagem. A atenção não deve ser vista como um constructo unitário, mas, sim, como uma função composta de mecanismos distintos e complementares. Os mecanismos da atenção têm sido apontados como relevantes na execução de diversas tarefas (perceptivas, motoras, cognitivas), sendo determinantes na seletividade do processamento da informação. Déficits de atenção têm sido implicados em uma variedade de condições, incluindo trauma cerebral, anóxia/hipóxia, distúrbios globais e invasivos do desenvolvimento, exposição pré-natal a toxinas (como drogas e álcool), distúrbios de aprendizagem. A maioria das crianças com déficit de atenção é diagnosticada como tendo o Transtorno do Déficit de Atenção e Hiperativade (TDAH).

O sistema Pay Attention! de treinamento dos processos de atenção para crianças foi modelado de acordo com o programa de Treinamento do Processo de Atenção (Sohlberg e Mateer, 1989, 2001), e esses autores elaboraram um guia que contém seis estratégias para a administração da reabilitação da atenção por meio do Pay Attention!

a) Ter um modelo teórico assegura uma base científica para o tratamento a ser utilizado. O Modelo Clínico Atencional divide a atenção em cinco áreas (focalizada, sustentada, seletiva, alternada e dividida).

b) A repetição das tarefas é essencial para o sucesso do treino de atenção. Se a repetição exigida não for possível no ambiente terapêutico, treinar o cuidador pode ser necessário, a fim de proporcionar o tempo necessário de intervenções para efeito de mudança.

c) Os processos ou áreas atencionais e as tarefas dentro de cada um deles são organizados hierarquicamente. Isso permite que as tarefas sejam administradas sistematicamente. Quando uma criança domina uma tarefa cognitiva inicial, deve haver um avanço para um sistema de tarefas mais exigente. Desta forma, as habilidades de atenção da criança podem ser repetidamente elevadas a níveis crescentes de dificuldade.

d) A intervenção deve ser baseada em dados. Isso proporciona ao terapeuta informações sobre a continuidade (os progressos que estão sendo feitos), modificação (se o progresso estagnou-se) ou o encerramento (se o progresso alcançou o nível máximo).

e) Exames de Generalização devem ser feitos sistematicamente para determinar a eficácia do tratamento, os quais podem consistir de medições padronizadas, questionários, ou averiguação do comportamento "na vida real". Este componente é integrante do tratamento, a fim de assegurar que progressos estão sendo feitos na(s) área(s) em que se faz necessário.

f) A última medida do sucesso é uma mudança positiva no funcionamento cotidiano. Uma criança pode melhorar a atenção treinando em tarefas ou em testes padronizados, mas se a melhora das competências de atenção não for generalizada e não funcionar todos os dias na escola, em casa e/ou em ambientes sociais, a reabilitação não foi bem-sucedida.

Em nosso centro de pesquisas já foi realizado o processo de tradução/adaptação do Pay Attention! e está sendo aplicado para testar sua eficácia em crianças com TDAH, com e sem uso de medicação (metilfenidato).

## Treino de memória operacional

Segundo Alloway (2008), a capacidade de memória operacional pode ser aumentada com treino intensivo, sendo que há estudos na literatura internacional de técnicas simples de treino a ser realizadas pelo professor em sala de aula.

Há tarefas envolvendo componentes da memória operacional nas modalidades visoespacial e auditivo-verbal, com duração de 20 sessões de treino cognitivo a ser realizado, no entanto, por um profissional da neuropsicologia.

## Intervenção com a família

A orientação familiar é essencial, como citamos anteriormente, no planejamento do tratamento da criança com TDAH, mas raramente vemos intervenções sistematizadas em centros de tratamento. Desenvolvemos, em nosso programa de tratamento, um modelo que poderá auxiliar outros profissionais a implementar uma melhor abordagem terapêutica.

A orientação familiar, em nosso modelo, tem um papel de intervenção no sistema familiar, com a finalidade de facilitar a transformação de transações disfuncionais nas interações familiares, que podem estar favorecendo a manutenção do sintoma, no caso do TDAH, independentemente de qualquer outro tipo de tratamento que a criança esteja recebendo.

O modelo é baseado na Terapia Familiar Sistêmica, e nesta perspectiva, de um modo geral, a família é vista como um sistema, caracterizado por um conjunto de pessoas em interação. O tipo de relação estabelecida entre estes membros é circular. Cada relação dentro da família constitui um subsistema (exemplo: relação do casal; relação mãe-filhos/pai-filhos; relação entre os irmãos etc). A circularidade das relações se dá à medida que o comportamento de um dos membros da família afeta todos os outros elementos, que funcionam em reciprocidade.

A família é um sistema que se autogoverna, se autorregula (homeostático), portanto apresenta tendência a manter um padrão de interação, e sair desse padrão gera conflito. Dessa forma, quando existem obstáculos à transformação, com dificuldade de se reorganizar em um novo equilíbrio, observam-se, na família, transações disfuncionais. O terapeuta familiar tem como uma de suas tarefas investigar a estrutura familiar disfuncional e localizar áreas de possível flexibilidade de mudança. O alvo das suas intervenções é a família; embora os indivíduos não devam ser ignorados, o foco do terapeuta está no sistema familiar. A família será a matriz da cura e do crescimento dos seus membros.

Dessa forma, em nosso modelo, a orientação tem como objetivo envolver também, no trabalho realizado com a criança com TDAH, o contexto no qual está inserida e os participantes ativos desse contexto, visto que, de acordo com a teoria sistêmica, nenhum problema surge isoladamente, mas, sim, como parte complementar de um sistema. Para isso, cria-se, na orientação familiar, um espaço para se pensar no contexto familiar e na criança como parte dele, bem como nas relações que vêm sendo estabelecidas dentro desse contexto, que, por sua vez, também o definem. Buscam-se os focos originadores de conflito que estiverem interferindo no desenvolvimento emocional e/ou intelectual da criança em questão.

A família é um importante instrumento de auxílio à criança no que se refere à manutenção do desenvolvimento conquistado no processo de intervenção, visto que a criança é dependente de seu ambiente familiar. E é baseando-se neste princípio que se pauta o trabalho também com a família, que irá promover uma esfera de questionamento sobre os focos identificados de conflito, no intuito de facilitar um processo de transformação destes aspectos.

Sendo assim, a orientação atuará junto à família, proporcionando um espaço para se pensar na criança enquanto indivíduo, com vontades, sentimentos e necessidades e que reage, ou é uma reação à forma de interação que é estabelecida com ela. É nesse sentido que se possibilitará a abertura de um novo caminho para que a relação com a criança e os papéis que cada um vem assumindo dentro dessa relação possam ser percebidos, bem como suas consequências e, assim, a busca de melhores maneiras de interagir e lidar com a criança, e também com as situações que surgem do relacionamento familiar.

A orientação familiar com base na teoria sistêmica, como descrito antes, é realizada em grupos de pais/responsáveis, uma vez por semana, cada grupo com 5 pais/responsáveis, durante 20 semanas.

Em resumo, embora haja fortes evidências da efetividade do tratamento medicamentoso com estimulantes nos sintomas cognitivos-comportamentais em crianças com TDAH, muitos autores têm apontado que, devido à duração curta da sua ação, há limitações potenciais, reações adversas e uso prolongado ainda desconhecidos, além do alto custo que o metilfenidato representa. Assim, há o fato de que somente medicação pode não ser efetiva para as necessidades da criança e de seus pais.

Vamos agora dar algumas dicas de como os pais podem lidar com a criança com TDAH. De acordo com John Taylor, há sempre uma maneira produtiva de conversar com as crianças a respeito de seu comportamento. Os métodos apresentados aqui, extraídos do texto original *Correcting without criticizing: a practical guide for parents*, servem tanto para pais, professores, orientadores e líderes de grupos de jovens quanto para qualquer adulto responsável pela supervisão e pelo cuidado de crianças e adolescentes.

Falar demais é o erro mais comum cometido pelos pais. Cutucar, lembrar, repetir ordens e falar mais de uma vez para fazer isto, não fazer aquilo, cria ressentimento tanto nos pais quanto nos filhos. A crítica é um ato destrutivo que convida à vingança. A correção é uma arte útil que convida à cooperação. Não existe a crítica construtiva. Baseada na crença falsa de que, para fazer a criança agir melhor, precisamos primeiro fazê-la sentir-se pior, a crítica normalmente causa mais problemas do que o comportamento errado inicial.

Quando um problema de comportamento acontece, confrontar a criança é uma importante e poderosa ação e deve ser usada para aumentar a harmonia familiar. Corrigir sem criticar é um aspecto importante para a orientação eficiente da criança. Fortalece o amor do filho para com os pais e aumenta a sensação de segurança emocional no relacionamento.

As crianças necessitam de padrões de comportamento que correspondam ao que são capazes de fazer, precisam fazer ou estejam prontas para fazer. Padrões muito elevados podem causar frustração em todos os envolvidos. Se os padrões e as expectativas estão além do nível de habilidade e compreensão de uma criança, não vai ser fácil para ela conseguir alcançá-los. O resultado é desapontamento e mau comportamento. Se a criança aceita os padrões exigidos e tenta alcançá-los, corre o risco de achar que não está à altura do desejado e, portanto, é pouco inteligente, sem valor ou má. Os pais precisam mostrar que se preocupam com os desejos e as habilidades reais de seus filhos.

Se os padrões são muito baixos, a criança pode atingi-los com facilidade e a porta está aberta para outras fontes de desapontamento pessoal. Primeiro, se esses padrões são aceitos como um reflexo de suas reais habilidades, ela passa a acreditar que conseguirá conquistar qualquer coisa sem muito esforço. Esta visão certamente criará problemas quando tiver que enfrentar tarefas do nível real das suas habilidades ou um pouco acima. Segundo, se a criança compreende que esses padrões são muito baixos, pode concluir que os pais têm pouca fé nas suas habilidades e naquilo que é capaz de conseguir.

Por isso, é importante ajustar as expectativas em relação aos filhos conversando com eles. Evitar pouca ou muita ajuda, auxiliar na medida da necessidade, estar informado sobre como se processa o desenvolvimento das crianças e discutir com frequência as habilidades e o progresso na escola.

Além de tudo isso, antes de confrontar uma criança, os pais devem abrir o canal da comunicação, estabelecer um clima emocional e começar uma conversa confortável. É importante lembrar que, a qualquer hora, a criança pode estar mais calorosa e próxima ou mais fria e distante. O objetivo é criar um espaço para que a criança possa se "distanciar" emocionalmente de seus pais à medida que sente o incômodo das suas preocupações e, ainda assim, manter uma relação próxima e amorosa.

São quatro os pontos-chaves no confronto para se discutir uma mudança em algum aspecto do comportamento de uma criança:

- **Empatia:** mostrar compreensão. Mostrar empatia significa ter sentimentos e fazer declarações que reflitam um reconhecimento sincero dos sentimentos da criança e uma preocupação real com eles. A melhor maneira de demonstrar empatia é expressar o desejo de que a criança possa experimentar sentimentos agradáveis e acontecimentos positivos em sua vida. Além de mostrar que você se importa com ela, esse aspecto da empatia enfatiza: "Eu quero o melhor para você".

- **Cortesia:** tratar a criança com dignidade é muito importante para um confronto. Tente focalizar no que a criança está falando e evitar pensar em outras coisas durante a conversa. Nunca começar um confronto acusando a criança de ter feito uma coisa ruim ou errada. As primeiras palavras de um confronto devem ser amigáveis e não hostis. Nunca interromper a criança quando ela estiver contando um incidente; isso é um insulto e pode iniciar uma discussão. Falar em tom de voz como se estivesse conversando com uma pessoa dez anos mais velha.

- **Brevidade:** evitar "pegar no pé". Passe o recado em poucas palavras, de modo que tudo o que for dito tenha significado. Quanto mais palavras forem usadas, menos eficientes elas se tornarão, e surgirá a necessidade de falar mais alto ou combinar as palavras com ameaças. Um bom confronto evita tanto a voz alta como as ameaças.

- **Oportunidade:** escolher o momento certo. Isso é importante tanto para o adulto como para a criança. Informações que podem diminuir a imagem da criança perante os amigos ou familiares devem ser discutidas em particular. Evitar o confronto quando ela já estiver aborrecida, zangada ou triste. Se o adulto estiver sob grande tensão, cansado, zangado ou emocionalmente esgotado, deve fazer o possível para relaxar antes do confronto com uma criança. Não há necessidade de enfrentá-la no momento do mau comportamento. Calma e oportunidade de organizar os pensamentos antes do confronto trazem melhores resultados e reforçam a relação.

Finalmente, outro aspecto fundamental é acerca do próprio diagnóstico do TDAH. Mais cedo ou mais tarde, essa é uma situação delicada que os pais têm que enfrentar. Deve-se falar para a criança que ela tem um problema? Isso não pode fazer com que ela se sinta "diferente", "doente", "incapacitada", "louca"? Bom, será que ela, no íntimo, já não se sente assim mesmo? Ou os outros não fazem com que se pergunte se isso tudo não é mesmo verdade?

Muito antes de se ter o diagnóstico, o comportamento diferenciado da criança com TDAH já chamou a atenção para essa diferença. É de grande importância que ela aprenda a aceitar o fato de que tem realmente um problema — específico, identificável. Guiá-la nesse difícil processo é papel amoroso dos pais.

Os especialistas recomendam que se esclareça o portador a respeito do transtorno, seja criança, adolescente ou adulto. Só é possível programar um tratamento com alguma perspectiva de sucesso se a pessoa envolvida se dispuser a colaborar. O primeiro passo para garantir essa colaboração é dar o máximo de informação possível sobre o TDAH, suas implicações e consequências.

1) Contar a verdade: este é o princípio central. Primeiro, aprender tudo que estiver disponível sobre o assunto. Depois, falar com suas próprias palavras o que aprendeu, para que a criança possa compreender. Não deixar esse trabalho para a simples leitura de um livro ou para uma explicação do profissional especializado. Fazer você mesmo, com clareza e honestidade.

2) Usar um vocabulário preciso: não criar palavras sem significado nem utilizar palavras inadequadas. A criança vai aceitar sua explicação e carregá-la consigo sempre.

3) Responder às perguntas e provocar perguntas. Lembrar-se de que as crianças fazem perguntas que não sabemos responder; não tenha medo de dizer que não sabe, mas diga que vai se informar.

4) Falar que o TDAH não é: retardo mental, loucura, falta de inteligência, defeito de caráter, preguiça, falta de vontade, família desestruturada etc.

5) Dar exemplos positivos de pessoas que têm TDAH: pessoas conhecidas ou pessoas da família (pai, mãe, primos, tios).

6) Prevenir para a criança não usar o TDAH como desculpa. A maioria delas, no início, tende a usar a dificuldade como desculpa para tudo. O TDAH é uma explicação, não uma justificativa. Elas devem saber que continuam responsáveis por seus atos.

7) Ensinar a criança a responder às perguntas sobre as dúvidas dos outros: sobretudo as dos colegas. A atitude é a mesma: contar a verdade. Dramatizar uma possível situação de provocação com a criança e mostrar como ela deve enfrentá-la.

8) Falar para os outros a respeito do TDAH da criança: com o consentimento dela, conversar sobre a situação com os colegas da escola e com outros membros da família. A mensagem a ser passada é que não existe nada do que se envergonhar, nada a esconder, mas muito a ajudar.

9) Educar os outros: a escola, os pais dos amigos da criança, os amigos da família. A arma mais forte que temos para conseguir que a criança seja tratada de maneira adequada é o conhecimento. Espalhar esse conhecimento o mais que puder, pois ainda há muita ignorância e muito preconceito ligados ao TDAH.

A compreensão de si próprio, que um diagnóstico correto e a informação sobre o transtorno trazem, leva a uma reestruturação interna e externa da vida de um portador. Na maioria das vezes, há uma profunda sensação de alívio em saber o porquê de determinadas incapacidades e entender que o comportamento tem justificativa independentemente da vontade. A culpa também diminui e há um aumento real da possibilidade de superar as dificuldades e alcançar o sucesso.

Algumas dicas que poderão auxiliar a lidar com a criança em casa:

- Cuidados pessoais: ajude-a a valorizar o corpo e a andar bem apresentável.
- Arrumar pertences: organizar o quarto, os brinquedos e a mochila são bons exercícios para organizar o pensamento. Ajude-a no início. Também é muito importante manter o ambiente doméstico o mais harmônico e o mais organizado possível.
- Envolvimento com a casa: saber onde estão as coisas, guardar objetos em armários e gavetas, preservar a arrumação da casa. Dê uma função diária a ela.
- Mural de programações diárias diminui a ansiedade e facilita a organização interna. Organize horários para brincar, para o estudo, de alimentar-se, fazer a higiene e dormir.
- Estudo: fazer longas tarefas divididas em dois ou três tempos. Reservar um espaço arejado e bem iluminado para a realização da lição de casa. Ela funcionará melhor assim.
- Atividades físicas e musicais: fazem bem para o corpo, para o cérebro, promovem a calma e o bom humor. Mas não sobrecarregue a criança com excesso de atividades extracurriculares.
- Criança precisa ter momentos de lazer e calma. Ela deverá ter horários livres.
- Incentivar as brincadeiras com jogos de regras, pois, além de ajudar a desenvolver a atenção, permitem à criança organizar-se por meio de regras e limites, e a ensina a participar, ganhando, perdendo ou mesmo empatando.
- Dar limites claros e consistentes; ensinar mais e repreender menos; não exigir mais do que a criança pode dar; adaptar suas expectativas quanto à criança, levando em conta suas necessidades e dificuldades.
- Não estabelecer comparações entre os filhos. Cada criança apresenta um comportamento diferente diante da mesma situação.
- Falar olhando nos olhos sem gritar e sem ser violento; procurar conversar sempre com a criança sobre como ela está se sentindo.
- Lembrar de elogiar e de ser afetivo, e de que por um bom tempo seu filho precisará de ajuda.

- Advertir construtivamente o comportamento inadequado, esclarecendo a criança sobre o que seria mais apropriado e esperado dela naquele momento. Manter limites claros e consistentes, relembrando-os frequentemente.
- Usar um sistema de reforço imediato para todo bom comportamento da criança.
- Ensinar a criança a não interromper as suas atividades, a tentar finalizar tudo aquilo que iniciou.
- Ter sempre um tempo disponível para interagir com a criança.

Enfim, conhecer as características do transtorno, permanecer calmo com os filhos portadores de TDAH e estabelecer hábitos eficientes de disciplina são atitudes inseparáveis. Ficar calmo e disciplinar com consistência traz como resultado uma criança que compreende, focaliza sua atenção e assume responsabilidade por suas próprias ações e seus comportamentos.

# 8
# Impacto do TDAH no desempenho escolar

Adolescentes com TDAH apresentam maior risco de abandono escolar ao longo do ensino fundamental ou de não continuidade após o ensino fundamental, o que leva a um impacto, ao longo da vida adulta, na autoestima, nas opções vocacionais e profissionais, assim como na socialização.

A criança com TDAH apresenta mau rendimento escolar por ter dificuldade em prestar atenção a detalhes, comete erros nas atividades escolares, não consegue acompanhar as longas instruções nem permanecer atenta para concluir suas tarefas escolares.

Sendo assim, parece inegável que é no ambiente escolar que os sintomas se manifestam de maneira mais evidente, causando impactos significativos na vida das crianças, principalmente nas séries iniciais do ensino fundamental. E, ainda, que a contribuição do professor pode ser significativa tanto na identificação dos sintomas do TDAH para um diagnóstico precoce como no manejo das dificuldades apresentadas pela criança na sala de aula.

Atenção e funções executivas são processos fundamentais na aprendizagem escolar, pois permitem o processamento de informações, a integração de informações selecionadas, os processos mnêmicos (estratégias de memorização e *retrieval* da informação armazenada na memória, na programação de respostas motoras e comportamentais).

Na prática, esses déficits se traduzem em dificuldades que a criança apresenta em diversas atividades escolares, tais como: fazer anotações organizadamente, finalizar tarefas de longa duração, organizar materiais e espaço de trabalho, usar estratégias efetivas para estudar, entre outros.

Além das funções executivas, o TDAH compromete outras funções, e crianças com tal tratamento frequentemente apresentam alterações no desenvolvimento da linguagem (especificamente da linguagem expressiva), levando a maior índice de má articulação e fala desorganizada, o que implica em dificuldade para organizar respostas, especialmente as complexas de compreensão de leitura, maiores índices de dificuldades na coordenação motora refinada → dificuldades na escrita (tempo e qualidade).

Crianças com TDAH frequentemente apresentam dificuldades na inibição motora, levando à alteração de reflexos na coordenação motora refinada (qualidade da produção gráfica), e agitação motora; de 20% a 40% das crianças com TDAH também têm diagnóstico de dificuldade de aprendizagem (DA).

Ensinar é uma tarefa que impõe desafios diários e variados para o educador. Ensinar uma criança com TDAH é ainda mais desafiador, pois além do fato de os sintomas de TDAH envolverem dificuldades no processo de aprendizado e no comportamento, cada criança com TDAH é única. Na maioria das vezes, os educadores não sabem o que fazer, se sentem perdidos, cansados, desanimados e sem apoio. Entretanto, não é possível recusar o direito dessas crianças ao ensino adequado para suas necessidades. Para isso, as leis de inclusão estão mais abrangentes e rígidas. Também não é possível ignorar a presença dessas crianças na sala de aula. O TDAH não é apenas um problema comportamental.

O problema não é apenas da criança ou dos pais. Crianças com TDAH têm dificuldades para executar tarefas que exigem habilidades para resolução de problemas e de organização, que derivam de déficits cognitivos, como explicamos antes. Esses déficits, em um grande número de casos, acabam determinando comprometimento do aprendizado.

Além dos professores, é importante que os demais profissionais da escola também participem do planejamento terapêutico para a criança com TDAH. "Implicar" o professor significa "implicar" a escola inteira.

Recentemente, estudos têm sido conduzidos no Brasil, a partir de indicadores internacionais, acerca do nível de conhecimento do professor sobre o quadro de TDAH quanto à identificação, caracterização e gestão dos comportamentos desatento, hiperativo e impulsivo dos alunos em sala de aula e concluem que há falta de conhecimento e preparo para lidar com os alunos que apresentam esse transtorno.

O professor necessita de conhecimentos teóricos, necessita confrontar seus saberes, suas atuações práticas com novos saberes; caso contrário, a sala de aula poderá se tornar um ambiente de rótulos, uma força restritiva para o desenvolvimento do aluno. Como afirma Barkley (2008),

> O conhecimento e a postura dos professores para com o TDAH são cruciais (...) quando um professor tem pouca compreensão da natureza, do curso, dos resultados e das causas do transtorno, bem como percepções errôneas (...) qualquer tentativa (...) terá pouco impacto.

Dessa forma, ressalta-se a importância de políticas públicas que possam auxiliar o professor, pois a contribuição do professor pode ser significativa tanto na identificação dos sintomas do TDAH para um diagnóstico precoce, como no manejo das dificuldades apresentadas pela criança na sala de aula.

## Algumas orientações para o professor

- Manter contato com os pais da criança regularmente. Evitar se reunir com os pais somente nos momentos de crise ou de problemas.
- Tentar acordos, perguntar à criança como ela acha que pode aprender melhor. Como são intuitivas, elas podem dar dicas úteis.
- Monitorar as tarefas, marcando tempo, ajuda a criança a se programar e se orientar dentro de um prazo preestabelecido.
- Orientar o aluno previamente sobre o que é esperado dele, em termos de comportamento e aprendizagem. Assim, pode se sentir mais seguro quanto ao que é esperado dele.
- Usar recursos especiais, como gravador, retroprojetor, slides etc. Como a criança tem um apelo intrínseco a novidades, todos os recursos disponíveis podem ajudar na manutenção da atenção e, consequentemente, no processo de aprendizagem. Essa criança aprende melhor visualmente, pois dessa maneira ela pode pôr as ideias no lugar e se estruturar.
- Discutir, precisamente, quando forem necessárias mudanças no cronograma, no currículo e na didática e realizar alterações até a criança conseguir se ajustar no processo educacional.

- Tentar entender as necessidades e as dificuldades temperamentais e educacionais da criança. Por exemplo, a criança com TDAH necessita de algo para fazê-la lembrar das coisas, de previsões, de repetições, de diretrizes, de limites e de organização.

- Ser tolerante para que o aluno possa sentir-se aceito tal como é. Geralmente a criança com TDAH necessita se sentir "enturmada" e motivada.

- Ser flexível para lançar mão de uma série de recursos e estratégias de ensino até descobrir o estilo de aprendizagem da criança.

- Incentivar e recompensar todo bom comportamento e o desempenho. Essa criança funciona melhor por meio de elogios, firmeza, aprovação e encorajamento, pois esses incentivos são suprimentos de sentimentos positivos.

- Dar conteúdo passo a passo, verificando se houve aprendizado a cada etapa.

- Apresentar tarefas em pequena quantidade para não assustar e desanimar a criança. Uma grande quantidade de tarefas faz com que a criança sinta que não conseguirá dar conta de terminá-las, e com isso ela desiste, antes mesmo de começá-las.

- Estimular o interesse do aluno para aprender. Tentar envolver e motivar a criança para o processo de aprendizagem.

- Reduzir os estímulos que possam distrair o aluno, como, por exemplo, sentar próximo da porta ou da janela.

- Separar o aluno dos pares que estimulam ou encorajam o comportamento inadequado dele. Pode-se colocar a criança com um par-tutor para que esta tenha um modelo adequado de desempenho e comportamento, e para que ela possa tê-lo como um ponto de referência.

- Manter a sala de aula organizada e bem estruturada. Isso pode ajudar a criança a se organizar internamente e no ambiente e, dessa forma, corresponder melhor ao processo de aprendizagem.
- Estabelecer uma rotina escolar previsível (horário para as atividades de matemática, educação artística, da ginástica, hora do lanche etc.).
- Alternar atividades de alto e baixo interesse durante a aula. Devem alternar-se as atividades mais interessantes com tarefas menos brilhantes.
- Permitir alguns movimentos em sala de aula, ou mesmo fora da sala (ir ao banheiro, tomar água, ir buscar material, dar recados etc.). Pedir para que o aluno seja o assistente do professor ou de outra criança.
- Preparar o aluno para qualquer mudança que quebre a rotina escolar (excursões, provas, festas etc.). Preveja o máximo que puder. Alterações sem aviso prévio são muito difíceis para essa criança, pois ela perde a noção das coisas. Deve-se ter um cuidado especial para avisá-la e prepará-la com a maior antecedência possível sobre as mudanças. Avisar o que vai acontecer e repetir os avisos à medida que a hora for se aproximando.
- Evitar tarefas repetitivas próximas umas das outras. Como essa criança responde bem às novidades, deve-se evitar tarefas monótonas e repetitivas que podem levar à distração e à falta de interesse. Lembre-se de que a distração não surge porque a criança quer, e sim porque ela não consegue controlar.
- Fornecer instruções diretas, orientações curtas e claras, em um nível que a criança possa compreender e corresponder. Simplifique as instruções, as opções, a progra-

mação. O palavreado mais simples e objetivo será mais facilmente compreendido pela criança.

- Focalizar mais o processo (compreensão de um conceito) do que o produto (concluir cinquenta problemas). Enfatizar mais a qualidade do que a quantidade.
- Envolver-se mais com o aluno para despertar nele a motivação, o interesse e a responsabilidade.
- Olhar nos olhos para "trazê-lo de volta". Isso ajuda a tirar a criança de seu devaneio ou dar-lhe liberdade para fazer uma pergunta ou apenas dar-lhe segurança silenciosamente.
- Desenvolver alternativas. Fornecer dicas de como a criança pode lidar com as suas dificuldades; por exemplo, ensiná-la a fazer resumos, usar rimas, códigos para facilitar a memorização de conteúdos. Auxiliar a criança a fazer listas, anotações, uma programação própria depois da aula, um calendário de compromissos etc.
- Dar supervisão adicional, sempre que necessário. Estar aberto para discutir e auxiliar, diariamente, nas principais dificuldades, no final de cada aula ou nos intervalos.
- Estabelecer limites e fronteiras, devagar e com calma, não de modo punitivo. Ser firme e direto.
- Deve enfatizar-se o aspecto emocional do aprendizado. Lidar com as emoções e descobrir o prazer na sala de aula e no processo de aprendizagem são itens necessários para se ter um bom desempenho escolar. Em vez de falhas e frustrações, deve-se ter domínio e controle. Em vez de medo e tédio, o melhor é a excitação.
- Não enfatizar o fracasso. Essa criança necessita de tudo o que for positivo que o professor puder oferecer. Sem encorajamento e elogios, elas murcham e retrocedem. O

prejuízo à autoestima é mais devastador do que o TDAH em si.

- Dar retorno constante e imediato. Isto ajuda a criança a ter uma noção de como está se saindo e a desenvolver a auto-observação. Deve-se informá-la de modo positivo e construtivo.
- Monitorar, frequentemente, o progresso da criança, auxiliando-a a alcançar as suas metas.
- Incentivar a leitura em voz alta, recontar estórias, falar por tópicos. Essas atividades ajudam a criança a organizar as ideias.
- Deve-se repetir, repetir e repetir.
- Permitir brincadeira, diversão e criar um ambiente informal. Não incentivando, entretanto, a superestimulação. Essa criança adora brincadeira e é, geralmente, cheia de vida, mas a melhor maneira de evitar o caos na sala de aula é prevenindo.
- Estar atento ao talento da criança, à criatividade, à alegria, à espontaneidade e ao bom humor que ela manifesta. Geralmente ela é também generosa e apresenta algo especial que enriquece e engrandece o ambiente onde está inserida.

## Síntese

> **ALGUMAS ORIENTAÇÕES PARA OS PAIS**
> — Estabeleça prioridades:
> Qual a maior dificuldade da criança?
> Qual a incomoda mais?
> Qual atrapalha mais o funcionamento dela?
> Estabeleça uma estratégia de manejo para a dificuldade maior. Resolva esse problema, e só então passe a dar atenção para o próximo.
> — Pense antes de agir.
> Quanto mais você pensar, mais chance o bom-senso tem de prevalecer. Não se esqueça de que você é o modelo de identificação para o seu filho. É difícil pedir para ele pensar antes de agir se você age antes de pensar.
> — Use o reforço positivo antes da punição.
> — Evite críticas constantes.
> — Reforce o que há de melhor em seu filho.
> — Mantenha constância de estratégias — não abandonar rapidamente a estratégia proposta, mantê-la constante independente do ambiente e certificar-se de que ambos os pais estão executando-a de forma similar.
> — Manter ambiente previsível e constante, hora fixa para fazer o dever de casa, para o almoço e o jantar e para outras tarefas.
> — Muitas vezes, é útil que a família de crianças com TDAH tenha em algum ambiente da casa um cartaz ou um quadro-negro onde as regras mínimas de funcionamento estejam claramente escritas, bem como as instruções de cada dia.
> — Escolha cuidadosamente a escola.
> — Proporcione uma atividade física regular para a criança, uma atividade que necessite de regras e limites.
> — Realizar um calendário semanal de atividades de estudo, em cartolina ou quadro negro e que fique em lugar visível (por exemplo, quarto da criança). Estabeleça com a criança um período mínimo de estudo de 30 minutos a 1 hora diariamente.

- É importante que a criança escolha o horário de estudo que parecer melhor e que ela participe desse exercício de planejamento. Isso irá ajudá-la a desenvolver um planejamento previsível de atividades.
- Combine com a criança um reforço positivo para cada dia que ela conseguir cumprir o combinado.
- No dia em que a criança não cumprir o combinado, evite barganhas e bate-bocas intermináveis. Assinale para ela que não conseguiu cumprir o combinado e que não terá direito ao reforço positivo daquele dia. Demonstre sua confiança em que no dia seguinte ela irá conseguir.
- Se necessário, divida o período de estudo em dois horários intercalados por um horário livre.
- O ambiente de estudo deve ser o mais quieto possível, longe de estímulos que possam incentivar sua atenção (por exemplo, televisão).

## ORIENTAÇÕES PARA OS PROFESSORES

O professor tem papel fundamental no processo de aprendizagem e na saúde mental de crianças e adolescentes com TDAH. Aqui estão algumas dicas:

— Manter contatos frequentes com os pais.
— Sente com a criança ou adolescente a sós e pergunte como ela acha que aprende melhor (normalmente ela terá sugestões valiosas).
— Lance mão de estratégias e recursos de ensino flexíveis até descobrir o estilo de aprendizado do aluno.
— Crie um caderno "casa-escola-casa"; isso é fundamental para melhorar a comunicação entre você e os pais.
— Assinale e elogie os sucessos da criança tanto quanto for possível.
— A cada semana, sente com a criança alguns minutos e dê-lhe um retorno sobre como ela está se saindo em sala de aula. Ouça a opinião dela sobre os progressos e as dificuldades. É necessário que ela seja um agente ativo do processo de aprendizagem. Procure afixar as regras de funcionamento em sala de aula em lugar visível. As crianças sentem-se reasseguradas sabendo o que é esperado delas.
— As regras e instruções devem ser breves e claras, evite sentenças muito compridas.
— Transforme as tarefas em jogos, considere a possibilidade de uso de alternativas como, por exemplo, a digitação no computador.
— Elimine ou reduza a frequência de testes cronometrados; estes testes apenas reforçam a impulsividade destes alunos.
— Avalie mais pela qualidade do que pela quantidade de tarefas executadas. O importante é que os conceitos sejam bem aprendidos.
— No início da aula, planeje com elas as atividades e tarefas que irão ser desenvolvidas; antecipe, previna a criança quando for acontecer qualquer mudança no esquema de trabalho.
— Dê preferência, sempre que possível, à estratégia de ensino participativo.
— Divida as tarefas grandes em várias pequenas.
— Utilize vários recursos de ensino, e não somente a voz.

- Esquematize os conteúdos das aulas, estimule a criança a ler em voz alta.
- Sempre que possível, coloque o aluno com TDAH sentado próximo de sua escrivaninha, na primeira fila.
- Evite salas de aula com muitos estímulos que possam distrair o aluno, como desenhos ou figuras coladas na parede.
- Evite trabalhos em grandes grupos; normalmente estas crianças necessitam de atividades individualizadas.
- Quando estratégias punitivas se fizerem necessárias, explique claramente para a criança a razão da advertência ou da exclusão; faça isso de modo imediato. É importante para estas crianças o estabelecimento da conexão causa-efeito.
- Permita que ela possa deixar a aula por alguns minutos em momentos de muita hiperatividade. Isso irá ajudá-la a reorganizar-se internamente. Separe o aluno dos pares que estimulam ou encorajam o comportamento indesejado.
- Frente a um comportamento não desejado, como intrometer-se na sua conversa com outro aluno, estimule-a a parar e pensar em soluções alternativas.

# 9
# Considerações finais: dialogando com professores e pais

## Multidimensionalidade

O TDAH nos coloca diante da integração entre a biologia e os fenômenos psicossociais. Tanto os fatores psicossociais são mais frequentes no TDAH quanto o TDAH aumenta os riscos das adversidades psicossociais. Muitos padrões do neurodesenvolvimento modificam-se de acordo com o perfil dinâmico, com as mudanças maturacionais, com os diferentes potenciais de plasticidade e vulnerabilidade nas várias fases da ontogênese. Assim, as contradições entre ambiente e biologia, entre estrutura e função são apenas aparência, uma vez que mesmo alterações estruturais em áreas cerebrais específicas podem ser desencadeadas por insultos psicossociais. Assim, as bases neurobiológicas do TDAH apoiam-se sobre uma base fenomenológica diagnóstica de grande heterogeneidade, sendo importante ressaltar que o fraco controle inibitório das regiões frontais sobre as áreas relacionadas a emoções, como as áreas límbicas, não é exclusivo e específico do TDAH, pode ocorrer em crianças submetidas a estresse crônico, violência ou negligência.

Assim, a perspectiva interdisciplinar correta permite transcender uma visão muito limitada do transtorno que restringe o diagnóstico apenas a questionários fechados, mas amplia a avaliação para o domínio da família, dos modelos de interação entre os membros da família e da sociedade, para as diferentes exigências curriculares e culturais, com atenção também voltada para reflexos ambientais do abuso, da negligência, sem esquecer, obviamente, das comorbidades com os transtornos de aprendizagem, como os transtornos psiquiátricos; por exemplo, a depressão e o transtorno de humor bipolar.

O desafio da interdisciplinaridade envolve um esforço de transcendência para entender a perspectiva de diversidade do desenvolvimento e as diferenças de expressão das crianças com o transtorno. Neste sentido, é necessário vencer a fragmentação e o isolamento dos conhecimentos específicos, buscando estabelecer um maior contato entre as necessidades da criança e sua rede contextual. Envolve também uma maior participação e reconhecimento do poder público da importância de criar condições institucionais e de direito mais favoráveis às crianças e aos seus familiares e maior intercâmbio entre o domínio da educação e da saúde. Alguns projetos de lei têm sido reivindicados no sentido de o poder público responsabilizar-se a manter o programa de diagnóstico e de tratamento de estudantes da educação básica, por meio de uma equipe multidisciplinar, com a participação de educadores, psicólogos, psicopedagogos e médicos, entre outros profissionais, assegurando às crianças com esses distúrbios o acesso aos recursos didáticos adequados ao desenvolvimento da aprendizagem. Várias propostas preveem também que os sistemas de ensino deverão oferecer aos professores cursos específicos de capacitação sobre o diagnóstico e o tratamento dessas disfunções.

Isso implica um olhar diferente por parte dos profissionais de saúde, uma vez que a perspectiva reducionista é muito limitada para fenômenos complexos, como a cognição e a atenção. Neste sentido, é importante integrar as diferenças e as singularidades com a sistematização científica, buscando assim as melhores alternativas terapêuticas nos diferentes contextos. Assim, dependendo dos contextos, fenômenos comuns podem envolver diferentes posturas terapêuticas e humanas. A psicometria e a medicina apenas classificatória podem incorrer em erros se não avaliarem as variáveis dinâmicas e fluidas do comportamento e da cognição, incluindo a delimitação de conflitos, os modos de interação entre os membros familiares, o nível de exigência da família e da escola e a complexidade neurobiológica, e a heterogeneidade clínica que os vários tipos de TDAH podem apresentar.

Neste sentido, nós acreditamos que a abordagem interdisciplinar no TDAH permite uma compreensão mais ampla e uma prática que abarque o caráter multidimensional do transtorno. Tal prática interdisciplinar também nos possibilita a integração entre diferentes estratégias médicas, sociais e educacionais mais contextualizadas face às diferentes apresentações do transtorno. Abordar melhor o TDAH implica também mudanças substanciais, criativas e menos autoritárias na forma de ensinar e uma comunicação mais estreita entre a saúde e a educação. Nas palavras de Edgar Morin: *Entender é a viagem em busca de um modo de pensamento capaz de respeitar a multidimensionalidade, a riqueza e o mistério do real*. Entender de que maneira podemos integrar práticas não só científicas mas artísticas como o uso da música e das artes como instrumento para a reforçar o sentido de identidade, para a saúde física e psíquica, para a aprendizagem com criatividade, além de potencializar os caminhos do desenvolvimento de habilidades de plasticidade cerebral.

Acreditamos que a contribuição positiva da ciência na construção de novos conceitos passa necessariamente pela busca de fronteiras entre as especificidades. Criar tais interfaces entre a saúde e a educação possibilita a construção de uma prática de inserção mais realista e efetiva junto a crianças com distúrbios do neurodesenvolvimento baseada no conhecimento, na parceria e na solidariedade.

# O que você não deve deixar de ler

ADHD. *Comorbities*: handbook for ADHD complications in children and adults. In: BROWN, T. E. (ed.). *American Psychiatric Publishing*, Inc., 2009.

AMERICAN PSYCHIATRY ASSOCIATION. DSM-IV. *Manual diagnóstico e estatístico de transtornos mentais*. 4. ed. Porto Alegre: Artes Médicas, 1995.

BARKLEY R. A. *Attention déficit hyperactivity disorder*: a handbook for diagnosis and treatment. 3rd ed. New York: Guilford Press, 2005.

Transtorno de déficit de atenção/hiperatividade

BARKLEY, Russell A. et al. *Manual para diagnóstico e tratamento*. 3. ed. São Paulo: Artmed, 2008.

MELLO, C. B.; MIRANDA, M. C., MUSZKAT, M. *Neuropsicologia do desenvolvimento*: conceitos e abordagens. São Paulo: Memnon Edições Científicas, 2006.

MUSZKAT M.; MELLO, C. B. *Neuropsicologia do desenvolvimento e suas interfaces*. São Paulo: All Print Editora, 2008.

ROHDE, L. A.; MATTOS, P. et al. *Princípios e práticas em TDAH*: transtorno de déficit de atenção/hiperatividade. São Paulo: Artmed, 2003.

# Referências bilbliográficas

ALLOWAY, T. P.; WARN, C. Task-specific training, learning, and memory for children with developmental coordination disorder: a pilot study. *Percept Mot Skills*, 2008, 107(2): 473-480.

AMERICAN ACADEMY OF CHILD AND ADOLESCENT PSYCHIATRY. Summary of the practice parameter for the use of stimulant medications in the treatment of children, adolescents, and adults. *J. Am. Acad. Child Adolesc. Psychiatry*, 2001; 40: 1246-1253.

AMERICAN PSYCHIATRIC ASSOCIATION. Diagnostic and statistical manual of mental disorders. 2nd ed. Washington, DC: Author, 1968.

AMERICAN PSYCHIATRIC ASSOCIATION. *Diagnostic and statistical manual of mental disorders*. 3rd ed. Washington, DC: Author, 1980.

AMERICAN PSYCHIATRIC ASSOCIATION. *Diagnostic and statistical manual of mental disorders*. 3rd ed. Washington, DC: Author, 1987.

AMERICAN PSYCHIATRIC ASSOCIATION AND AMERICAN PSYCHIATRIC ASSOCIATION. Task Force on DSM-IV, *Diagnostic and statistical manual of mental disorders: DSM-IV*. 4th ed. Washington, DC: American Psychiatric Association, 1994.

AMERICAN PSYCHIATRIC ASSOCIATION. DSM-IV. *Manual diagnóstico e estatístico de transtornos mentais*. 4. ed. Porto Alegre: Artes Médicas, 1995.

BARBOSA, G. A.; DIAS, M. R.; GAIÃO, A. A. Validacíon factorial de los índices de hiperactividad del cuestionário de Conners en escolares de Joao Pessoa-Brasil. *Infanto*, 1997, 5: 118-125.

BARKLEY, R. A. Guidelines for defining hyperactivity in children (attention deficit disorder with hyperactivity). In: LAHEY, B.; KAZDIN, A. (Eds.). *Advances in clinical child psychology*. New York: Plenum Press, v. 5, p. 137-180, 1982.

BARKLEY, R. A. *Attention deficit hyperactivity disorder*: a handbook for diagnosis and treatment. 2nd ed. New York: The Guilford Press, 1998.

BARKLEY, R. A. Issues in the diagnosis of attention-deficit/hyperactivity disorder in children. *Brain Dev.*, 2003, 25: 77-83.

BARKLEY, R. A. *Attention deficit hyperactivity disorder*: a handbook for diagnosis and treatment. 3rd ed. New York: Guilford Press, 2005.

BARKLEY, R. A. Uma teoria para o TDAH. In: BARKLEY, R. A. et al. *Transtorno de déficit de atenção/hiperatividade. Manual para diagnóstico e tratamento*. 3. ed. São Paulo: Artmed, 2008. p. 309-346.

BARKLEY, R. A. Etiologias. In: BARKLEY, R. A. et al. *Transtorno de déficit de atenção/hiperatividade. Manual para diagnóstico e tratamento*. 3. ed. São Paulo: Artmed, 2008. p. 231-259.

BARKLEY, R. A.; BIEDERMAN, J. Toward a broader definition of the age-of-onset criterion for attention-deficit hyperactivity disorder. *J. Am. Acad. Child Adolesc. Psychiatry*, 1997, 36(9): 1204-10.

BARR, C. L.; XU, C.; KROFT, J.; FENG, Y.; WIGG, K.; ZAI, G. et al. Haplotype study of three polymorphisms at the dopamine transporter locus confirm linkage to attention-deficit/hyperactivity disorder. *Biol Psychiatry*, 2001, 49:333-9.

BASTOS, F. L.; BUENO, M. C. *Diabinhos*: tudo sobre o transtorno de déficit de atenção/hiperatividade (ADD), 2002. Disponível em: <http://neurociencias.nu/fernando/>.

BECK, J. *Terapia cognitiva*. Porto Alegre: Artes Médicas, 1997.

BEDARD, A.; MARTINUSSEN, R; ICKOWICS, A.; TANNOCK, R. Methylphenidate improvises visual-spatial memory in children with attention-deficit hyperactivy disorder. *J. Am. Acad. Child Adolesc. Psychiatry*, 2004, 43(3): 260-268.17.

BIEDERMAN, J. Attention-deficit/hyperactivity disorder: a selective overview. *Biol. Psychiatry*, 2005, 57(11): 1215-20.

BIEDERMAN, J.; MICK, E.; FARAONE, S. V. Age-dependent decline of symptoms of attention deficit hyperactivity disorder: impact of remission definition and symptom type. *Am. J. Psychiatry*, 2000, 157(5): 816-8.

BIEDERMAN, J.; WILENS, T. E.; MICK, E. et al. Pharmacotherapy of attention-deficit/hyperactivity disorder reduces risk for substance abuse disorder. *Pediatrics*, 1999, 104: E20.

BIEDERMAN, J.; WILENS, T.; MICK, E.; FARAONE, S. V.; WEBER, W., CURTIS. S.; THORNELL, A.; PFISTER, K.; JETTON, J. G.; SORIANO, J. Is ADHD a risk factor for psychoactive substance use disorders? Findings from a four year prospective follow up study. *J. Am. Acad. Child Adolesc. Psychiatry*, 1997, 36: 21-9.

BRITO, G. N. O. The conners abbreviated teacher rating scale: development of norms in Brasil. *Journal of Anormal Child Psychology*, 1987, 15 (4): 511-518.

BRITO, G. N. O. *EACI-P — Escala de avaliação do comportamento infantil para o professor*: Manual. Rio de Janeiro: Ed. Entreletras, 1999.

BRITO, G. N. O. *Escala de avaliação do comportamento infantil para o professor*: Manual. São Paulo: Vetor, 2006.

BROCKI, K. C.; BOHLIN, G. Developmental change in the relation between executive functions and symptoms of ADHD and Co-occurring behaviour. *Inf. Child Dev.*, 15: 19-40, 2006.

BROWN, R. T. Prevalence and assessment of attention-deficit/hyperactity disorder in primary care settings. *Pediatric*, 2001, 3(107): 39-43.

BROWN, R. T.; FREEMAN, W. S.; PERRIN, J. M.; STEIN, M. T.; FELDMAN, H. M.; PIERCE, K.; WOLRAICH, M. L. American Academy of Pediatrics Committee on Quality Improvement; American Academy of

Pediatrics Subcommittee on Attention-Deficit/Hyperactivity Disorder. Treatment of attention-deficit/hyperactivity disorder: overview of the evidence. *Pediatrics*, 2005, 115(6):e749-57.

BUSHA, G.; VALERAA, E. M.; SEIDMANA, L. J. Functional neuroimaging of attention-deficit/hyperactivity disorder: A review and suggested future directions. *Biol. Psychiatric*, 2005, 57: 1273-1284.

CARLSON, G. A.; MEYER, S. E. *ADHD with mood disorders. ADHD comorbities*: handbook for ADHD complications in children and adults. In: BROWN, T. E. (ed.). *American Psychiatric Publishing*, Inc., 2009: 97-130.

CASTELLANOS, F. X.; GIEDD, J. N.; BERQUIN, P. C.; WALTER, J. M.; SHARP, W.; TRAN, T. et al. Quantitative brain magnetic resonance imaging in girls with attention-deficit/hyperactivity disorder. *Arch. Gen. Psychiatry*, 2001, 58: 289-295.

CASTELLANOS, F. X.; LEE, P. P.; SHARP, W.; JEFFRIES, N. O.; GREENSTEIN, D. K.; CLASEN, L. S. et al. Developmental trajectories of brain volume abnormalities in children and adolescents with attention-deficit/hyperactivity disorder. *Jama*, 2002, 288: 1740-1748.

CLINICAL PRACTICE GUIDELINE. Diagnosis and Evaluation of the Child With Attention-Deficit/Hyperactivity Disorder. American Academy of Pediatrics. *Pediatrics*, 2000, 105(5): 1158-1170.

COMINGS, D. E.; GADE-ANDAVOLU, R.; GONZALEZ, N.; WU, S.; MUHLEMAN, D.; BLAKE, H. et al. Comparison of the role of dopamine, serotonin, and noradrenaline genes in ADHD, ODD and conduct disorder: multivariate regression analysis of 20 genes. *Clin. Genet*. 2000, 57:178-96.

CONNERS, C. K. *Conner's continuous performance test*. Toronto: Multi-Health System, 2002.

DAVIDSON, T. Reading disorder. *Gale Encyclopedia of Mental Disorders*, 2003. The Gale Group Inc. Encyclopedia.com. 31 Jan. 2010. Disponível em: <http://www.encyclopedia.com>.

DiMAIO, S.; GRIZENKO, N.; JOOBER, R. Dopamine genes and attention-deficit hyperactivity disorder: a review. *J. Psychiatry Neurosci*, 2003, 28(1): 27-38.

DOUGLAS, V. I. Stop, look, and listen: the problem of sustained attention and impulse control in hyperactive and normal children. *Canadian J. Behavioural Science*, 1972, 4: 259-283

DURSTON, S.; TOTTENHAM, N. T.; THOMAS, K. M.; DAVIDSON, M. C.; EIGSTI, I. M.; YANG, Y. et al. Differential patterns of striatal activation in young children with and without ADHD. *Biol. Psychiatry*, 2003, 53:871-878.

EPSTEIN, J. N.; ERKANLI, A.; CONNERS, C. K. Relations between continuous performance test performance measures and ADHD behaviors. *Journal of Abnormal Child Psychology*, 2003, 31: 543-554.

FARAONE, S. V.; DOYLE, A. E.; MICK, E.; BIEDERMAN, J. Meta-analysis of the association between the dopamine D4 gene 7-repeat allele and attention-deficit/hyperactivity disorder. *Am. J. Psychiatry*, 2001, 158:1052-7.

FILIPEK, P. A.; SEMRUD-CLIKEMAN, M.; STEINGARD, R. J.; RENSHAW, P. F.; KENNEDY, D. N.; BIEDERMAN, J. Volumetric MRI analysis comparing subjects having attention-deficit hyperactivity disorder with normal controls. *Neurology*, 1997, 48:589-601.

FISHER, S. E.; FRANCKS, C.; McCRACKEN, J. T.; McGOUGH, J. J.; MARLOW, A. J.; MacPHIE, I. L. et al. A genomewide scan for loci involved in attention-deficit/hyperactivity disorder. *Am. J. Hum. Genet*, 2002, 70: 1183-96.

FLEITLICH-BILYK, B.; GOODMAN, R. Prevalence of child and adolescent psychiatric disorders in southeast Brazil. *J. Am. Acad. Child Adolesc. Psychiatry*, 2004, 43: 724-734.

FLETCHER, J. M.; LYON, G. R.; FUCHS, L. S.; BARNES, M. A. *Learning disabilities*: from identification to intervention. New York: The Guilford Press, 2007.

GAIAO, A. A. *Hiperatividade em meninas. Um estudo de prevalência diagnóstica e avaliação psicológica*. João Pessoa: Idéia Editora; 2001.

GARLAND, A. F.; HOUGH, R. L.; McCABE, K. M.; YEH, M.; WOOD, P. A.; AARONS, G. A. Prevalence of psychiatric disorders in youths across five sectors of care. *J. Am. Acad. Child Adolesc. Psychiatry*, 2001, 40: 409-418.

GERALD, R.; PATTERSON, G. R.; DAVID, S.; DEGARMO, D. S.; KNUTSON, N. Hyperactive and antisocial behaviors: comorbid or two points in the same process? *Development and Psychopathology*, 2000, 12:1:91-106.

GIEDD, J. N.; CASTELLANOS, F. X.; CASEY, B. et al. Quantitative morphology of the Corpus Callosum in attention deficit hyperactivity disorder. *Am J Psychiatry*, 1994, 151:665-669.

GOLDMAN-RAKIC, P. S.; MULY, E. C.; WILLIAMS, G. V. D(1) receptors in prefrontal cells and circuits. *3rd Brain Res. Rev.*, 2000, 31(2-3):295-301.

GRAY, J. A. *The neuropsychology of anxiety*. New York: Oxford University Press, 1982.

GRAY, A. *The psychology of fear and stress*. 2nd ed. Cambridge, UK: Cambridge University Press, 1987.

GREYDANUS, D. E. Psychopharmacology of ADHD in adolescents: Quo vadis? *Psychiatric Times*, 2003, 20: 5-9.

GREYDANUS, D. E.; SLOANE, M. A.; RAPPLEY, M. D. Psychopharmacology of ADHD in adolescents. *Adol. Med.*, 2002, 13: 599-624.

GUARDIOLA, A.; FUCHS, F. D.; ROTTA, N. T. Prevalence of attention-deficit hyperactivity disorders in students. *Arq. Neuropsiquiatr*, 2000, 58(2-B): 401-407.

HESSLINGER, B.; TEBARTZ VAN ELST, L.; THIEL, T.; HAEGELE, K.; HENNIG, J.; EBERT, D. Frontoorbital volume reductions in adult patients with attention deficit hyperactivity disorder. *Neurosci Lett*, 2002; 328:319-321.

HOFFMAN, H. Die geschichte vom Zappel-Philipp. In: HOFFMAN, H. *Der Struwwelpeter*. Erlangen, Germany: Pestalozzi-Verlag, 1865.

HOMACK, S.; RICCIO, C. A. A meta-analysis of the sensitivity and specificity of the Stroop Color and Word Test with children. *Archives of Clinical Neuropsychology*, 2004, 19: 725-743.

HUANG, H.; ZHANG, J.; JIANG, H.; WAKANA, S.; POETSCHER, L.; MILLER, M. I. et al. DTI tractography based parcellation of white matter: application to the midsagittal morphology of corpus callosum. *Neuroimage*, 2005, 26:195-205.

HYND, G. W.; SEMRUD-CLIKEMAN, M.; LORYS, A. R.; NOVEY, E. S.; ELIOPULOS, D. Brain morphology in developmental dyslexia and attention deficit disorder/hyperactivity. *Arch Neurol.*, 1990, 47:919-926.

HYND, G. W.; SEMRUD-CLIKEMAN, M.; LORYS, A. R.; NOVEY, E. S.; ELIOPULOS, D.; LYYTINEN, H. Corpus callosum morphology in attention deficit-hyperactivity disorder: morphometric analysis of MRI. *J. Learn Disabil*, 1991, 24:141-146.

JAMES, W. *The principles of psychology*. New York: Dover, 1980 (Trabalho original publicado em 1890).

KARATEKIN C. A test of the integrity of the components of Baddeley's model of working memory in attention-deficit/hyperactivity disorder (ADHD). *J. Child Psychol. Psychiatry*, 2004, 45(5):912-26.

KESSLER, R. C. et al. The World Health Organization Adult ADHD Self-Report Scale (ASRS): a short screening scale for use in the general population. *Psychol. Med.*, 2005, 35(2): 245-56.

KLINGBERG, T.; FERNELL, E.; OLESEN, P. J.; JOHNSON, M.; GUSTAFSSON, P.; DAHLSTROM, K.; GILLBERT, C. G.; FORSSBERG, H.; WESTERBERG, H. Computerized training of working memory in children with ADHD-a randomized, controlled trial. *J. Am. Acad. Child Adolesc. Psychiatry*, 2005, 44(2): 177-86.

KLORMAN, R.; THATCHER, J. E.; SHAYWITZ, S. E.; FLETCHER, J. M.; MARCHIONE, K. E.; HOLAHAN, J. M.; STUEBING, K. K.; SHAYWITZ, B. A. Effects of event probability and sequence on children with attention-deficit/hyperactivity, reading, and math disorder. *Biol. Psychiatry*, 2002, 52(8):795-804.

KNOBEL, M.; WOLMAN, M. B.; MASON, E. Hyperkinesis and organicity in children. *Archives of General Psychiatry*, 1959, 1: 310-321.

LAUFER, M.; DENHOFF, E. Hyperkinetic behavior syndrome in children. *Journal of Pediatrics*, 1957, 50: 463-474.

LAUFER, M.; DENHOFF, E.; SOLOMONS, G. Hyperkinetic impulse disorder in children's behavior problems. *Psychosomatic Medicine*, 1957, 19: 38-49.

LEFÈVRE, A. *Exame neurológico evolutivo*. São Paulo: Sarvier, 1972.

LEFÈVRE, A. *Disfunção cerebral mínima*. São Paulo: Sarvier, 1975.

LEVIN, P. M. Restlessness in children. *Archives of Neurology and Psychiatry*, 1938, 39: 764-770.

LOSIER, B. J.; McGRATH, P. J.; KLEIN, R. M. Error patterns on the continuous performance test in non-medicated and medicated samples of children with and without ADHD: a meta-analytic review. *J. Child Psychology, Psychiatry, Allied Disciplines*, 1996, 37: 971-987.

LOWE, N.; KIRLEY, A.; HAWI, Z.; SHAM, P.; WICKHAM, H.; KRATOCHVIL, C. J. et al. Joint analysis of DRD5 marker concludes association with ADHD confined to the predominantly inattentive and combined subtypes. *Am. J. Human Genetics*. In Press, 2003.

LYNAM, D. R. Early identification of the fledgling psychopath: locating the psychopathic child in current nomenclature. *Journal of Abnormal Psychology*, 1998, 107: 566-575.

LYOO, I. K.; NOAM, G. G.; LEE, C. K.; LEE, H. K.; KENNEDY, B. P.; RENSHAW, P. F. The corpus callosum and lateral ventricles in children with attention-deficit hyperactivity disorder a brain magnetic resonance imaging study. *Biol. Psychiatry*, 1996, 40(10): 1060-1063.

MADRID, G. A.; MacMURRAY, J.; LEE, J. W.; ANDERSON, B. A.; COMINGS, D. E. Stress as a mediating factor in the association between the DRD2 TaqI polymorphism and alcoholism. *Alcohol*, 2001, 23:117-22.

MARTIN, A. The hard work of growing up with ADHD. *Am. J. Psychiatry*, 2005, 162(9): 1575-7

MASH, E. J.; JOHNSTON, C. Determinants of parenting stress: Illustrations from families of hiperactive children and families of physically abused children. *Journal of Clinical Child Psychology*, 1992, 91,:83-198.

MATZA, L. S.; PARAMORE, C.; PRASAD, M. A review of the economic burden of ADHD. *Cost Eff Resour Alloc*, 2005, 3: 5.

McGOUGH, J. J.; BARKLEY, R. A. Diagnostic controversies in adult attention deficit hyperactivity disorder. *Am. J. Psychiatry*, 2004, 161(11): 1948-56.

MEYERS, J. E.; MEYERS, K. R. *Rey comples figure test and recognition trial. Professional manual.* Odessa, FL: Psychological Assessment Resource, Inc., 1995.

MICK, E.; BIEDERMAN, J.; FARAONE, S.; SAYER, J.; KLEIMAN, S. Case-control study of ADHD and maternal smoking, alcohol use, and drug use during pregnancy. *J. Am. Acad. Child Adolesc. Psychiatry*, 2002, 41:378-85.

MILL, J.; CURRAN, S.; KENT, L.; RICHARDS, S.; GOULD, A.; VIRDEE, V. et al. Attention deficit hyperactivity disorder (ADHD) and the dopamine D4 receptor gene: evidence of association but no linkage in a UK sample. *Mol Psychiatry*, 2001, 6:440-4.

MIRANDA, M. C.; SINNES, E. G.; POMPEIA, S.; BUENO, O. F. A. A comparative study of performance in the conner's continuous performance test between Brazilian and American children. *Journal of Attention Disorders*, 2008, 11(5): 588-598.

MORAES, C.; SILVA, F. M. B. N.; ANDRADE, Ê. R. Diagnóstico e tratamento de transtorno bipolar e TDAH na infância: desafios na prática clínica. *J. Bras. Psiquiatr*, v. 56, suppl. 1, 2007.

MOSTOFSKY, S. H.; WENDLANDT, J.; CUTTING, L.; DENCKLA, M. B.; SINGER, H. S. Corpus callosum measurements in girls with Tourette Syndrome. *Neurology*, 1999, 53(6): 1345-1347.

NEWCORN, J. H.; HALPERIN, J. M.; JENSEN, O. S.; ABIKOFF, H. B.; ARNOLD, L. E.; CANTWELL, D. P.; CONNERS, C. K.; ELLIOTT, G. R.; EPSTEIN, J. N.; GREENHILL, L. L.; HECHTMAN, L.; HINSHAW, Stephen P.; HOZA, B.; KRAEMER, H. C.; PELHAM, W. E.; SEVERE, J. B.; SWANSON, J. M.; WELLS, K. C.; WIGAL, T.; VITIELLO, B. Special section: ADHD Comorbidity and treatment outcomes in the MTA symptom profiles in children with ADHD: effects of comorbidity and gender. *J. Am. Acad. Child Adolesc. Psychiatry*, 2001, 40(2):137-146.

OLESEN, P. J.; WESTERBERG, H.; KLINGBERG, T. Increased prefrontal and parietal activity after training of working memory. *Nat Neurosci*, 2004, 7 (1): 75-9.

PALUMBO, D. R.; DIEHL, J. Managing attentional disorders. In: HUNTER, S. J.; DONDERS, J. (Eds.). *Pediatric neuropsychological intervention.* Cambridge: Cambridge University Press, 2007.

PAPAZIAN, O.; ALFONSO, I.; LUZENDO, R. J.; ARAQUEZ, N. Training of executive function in preschool children with combined attention deficit hyperactivity disorder: a prospective, controlled and randomized trial. *Rev. Neurol.*, 2009, 27-48, suppl. 2: 519-522.

PENKMAN, L. Remediation of attention deficits in children: a focus on childhood cancer, traumatic brain injury and attention deficit disorder. *Pediatr. Rehabil.*, 2004, 7 (2):111-23. 95.

PETERSON, B. S.; THOMAS, P.; KANE, M. J.; SCAHILL, L.; ZHANG, H.; BRONEN, R. et al. Basal Ganglia volumes in patients with gilles de la tourette syndrome. Arch Gen Psychiatry. 2003; 60: 415-424.91. Pliszka SR et al. The Texas children's medication algorithm project: Repost of the Texas consensus conference panel on medication treatment of childhood ADHD. *J. Am. Acad. Child Adolesc. Psychiatry*, 2000, 39: 908-919.

PONTIUS, A. A. Dysfunction patterns analogous to frontal lobe system and caudade nucleus syndromes in some groups of minimal brain dysfunction. *Journal of the American Medical Women's Association*, 1973, 26: 285-292.

PRESTON, A. S.; FENNELL, E. B.; BUSSING, R. Utility of a CPT in diagnosing ADHD among a representative sample of high-risk children: a cautionary study. *Child Neuropsychology*, 11: 459-469, 2005.

RAMOS-QUIROGA, J. A.; RIBASÉS-HARO, M.; BOSCH-MUNSÓ, R.; CORMAND-RIFÀ, B.; CASAS, M. Genetic advances in attention deficit hyperactivity disorder. *Rev. Neurol.*, 2007, 44, suppl. 3, S51-52.

RICCIO, C. A.; WALDROP, J. J.; REYNOLDS, C. R.; LOWE, P. Effects of stimulants on the continuous performance test (CPT): implications for CPT use and interpretation. *J. Neuropsychiatry Clin. Neurosci*, 2001, 13(3): 326-35.

RIELLY, N. E.; CUNNINGHAM, C. E.; RICHARDS, J. E.; ELBARD, H.; MAHONEY, W. J. Detecting attention deficit hyperactivity disorder in a communications clinic: diagnostic utility of the Gordon diagnostic system. *Journal of Clinical and Experimental Neuropsychology*, 1999, 21: 685-700.

RIZZUTTI, S.; SINNES, E. G.; SCARAMUZZA, L. F.; FREITAS, L.; PINHEIRO, D.; PALMA, S. M.; MELLO, C. B.; MIRANDA, M. C.; BUENO, O. F. A.; MUSZKAT, M. Clinical and neuropsychological profile in a sample of children with attention deficit hyperactivity disorders. *Arquivos de Neuro-Psiquiatria*, v. 66, p. 821-827, 2008.

RODHE, L. A. ADHD in Brazil: the DSM-IV criteria in a culturally different population. *J. Am. Acad. Child Adolesc. Psychiatry*, 2002, 41(9):1131-3.

ROHDE, L. A.; BENCZIK, E. B. P. *Transtorno do déficit de atenção/hiperatividade*: O que é? Como ajudar? Porto Alegre: Artes Médicas Sul, 1999.

ROHDE, L. A.; BIEDERMAN, J.; BUSNELLO, E. A.; ZIMMERMANN, H.; SCHMITZ, M.; MARTINS, S.; TRAMONTINA, S. ADHD in a school sample of Brazilian adolescents: a study of prevalence, comorbid conditions, and impairments. *J. Am. Acad. Child Adolesc. Psychiatry*, 1999, 38: 716-722.

ROHDE, L. A.; HALPERN, R. Recent advances on attention deficit/hyperactivity disorder. J. Pediatr., 2004, 80, 2 supp. 10: s61-70.

ROMAN, T.; SCHMITZ, M.; POLANCZYK, G.; EIZIRIK, M.; ROHDE, L. A.; HUTZ, M. H. Attention-deficit hyperactivity disorder: A study of association with both the dopamine transporter gene and the dopamine D4 receptor gene. *Am J Med Genet*, 2001, 105:471-8.

ROMAN, T.; SCHMITZ, M.; POLANCZYK, G. V.; EIZIRIK, M.; ROHDE, L. A.; HUTZ, M. H. Further evidence for the association between attention-deficit/hyperactivity disorder and the dopamine-beta-hydroxylase gene. *Am. J. Med. Genet.*, 2002, 114:154-8.

ROMAN, T.; SCHMITZ, M.; POLANCZYK, G.; HUTZ M. Etiologia. In: ROHDE, L. A.; MATTOS, P. (Eds.). *Princípios e práticas em TDAH*. Porto Alegre: Artes Médicas, 2003.

ROMANOS, M.; FREITAG, C.; JACOB, C.; CRAIG, D. W.; DEMPFLE, A.; NGUYEN, T. T. et al. Genome-wide linkage analysis of ADHD using high-density SNP arrays: novel loci at 5q13.1 and 14q12. Mol. Psychiatry, 2008, (13): 522-530.

SANTOS, F. H.; MELLO, C. B.; BUENO, O. F. A. Cross-cultural differences for three visual memory tasks in Brazilian children. *Perceptual and Motor Skills*, 101: 421-433, 2005.

SCAHILL, L; SCHWAB-STONE, M. Epidemiology of ADHD in school-age children. *Child Adolesc Psychiatr. Clin. N. Am.*, 2000, 9:541-55.

SCHATZ, A. M.; BALLANTYNE, A. O.; TRAUNER, D. A. Sensitivity and specificity of a computerized test of attention in the diagnosis of attention-deficit/hyperactivity disorder. *Assessment*, 8: 357-365, 2001.

SCHUBINER, H. Substance abuse in patients with attention-deficit hyperactivity disorder: therapeutic implications. *CNS Drugs*, 2005, 19(8): 643-55.

SEEGER, G.; SCHLOSS, P.; SCHMIDT, M. H. Marker gene polymorphism in hyperkinetic disorder — predictors of clinical response to treatment with methylphenidate? *Neurosci Lett*, 2001, 313:45-8.

SEIDMAN, L. J.; VALERAA, E. M.; MAKRISG, N. Structural brain imaging of attention-deficit/hyperactivity disorder. *Biol. Psychiatry*, 2005, 57: 1263-1272.

SEIDMAN, L. J.; VALERA, E. M.; MAKRIS, N.; MONUTEAUX, M. C.; BORIEL, D. L.; KELKAR, K. et al. Dorsolateral prefrontal and anterior cingulate cortex volumetric abnormalities in adults with attention-deficit/hyperactivity disorder identified by magnetic resonance imaging. *Biol. Psychiatry*, 2006, 60(10):1071-1080.

SHAYWITZ, B. A.; SHAYWITZ, S. E.; PUGH, K. R.; FULBRIGHT, R. K.; SKUDLARSKI, P.; MENCL. W. E.; CONSTABLE, R. T.; MARCHIONE, K. E.; FLETCHER, J. M.; KLORMAN, R.; LACADIE, C.; GORE, J. C. The functional neural architecture of components of attention in language-processing tasks. *Neuroimage*, 2001, 13(4):601-12.

SHIN, M. S.; KIM, Y. H.; CHO, S. C.; KIM, B. N. Neuropsychologic characteristics of children with attention-deficit hyperactivity disorder (ADHD). Learning disorder, and tic disorder on the Rey-Osterreith Complex Figure. *J. Child Neurol.*, 2003, 18: 835-844.

SMUCKER, W.; HEDAYAT, M. Evaluation and treatment of ADHD. *Am. Family Physician*, 2001, 64(5): 817-829.

SMUCKER, W.; HEDAYAT, M. Evaluation and treatment of ADHD. *Am. Family Physician*, 2001, 64(5): 817-829.

SNOEK, H.; VAN GOOZEN, S. H.; MATTHYS, W.; BUITELAAR, J. K.; VAN ENGELAND, H. Stress responsivity in children with externalizing behavior disorders. *Dev. Psychopathol*, 2004, 16:389-406.

SOHLBERG, M. M.; MATEER, C. A. Attention Process Training Test. Lash and Associates Publishing/Training, Inc., 2001.

SOUZA, I.; SERRA, M. A.; MATTOS, P.; FRANCO, V. A. Comorbidade em crianças e adolescentes com transtorno do déficit de atenção: resultados preliminares. *Arq. Neuro-Psiquiatr.*, 2001, 59:401-406.

SPENCER, T.; WILENS, T.; BIEDERMAN, J.; WOZNIAK, J.; HARDIING-CRAWFORD, M. Attention-deficit/hyperactivity disorder with mood disorders. In: BROWN, T. E. (ed.). Attention-déficir disorder and comorbidities in children, adolescent and adults. Washington, DC: *American Psychiatric Press*, 2000:79-124.

SPENCER, T. J.; BIEDERMAN, J.; WILENS, T. E. Nonstimulant treatment of adult attention-deficit/hyperactivity disorder. *Psychiatr. Clin. North Am.*, 2004, 27:373-383.

STAUFER, W. B.; GREYDANUS, D. E. Attention-deficit/hyperactivity disorder psychopharmacology for College Students. *Pediatr. Clin. N. Am.*, 2005, 52: 71-84.

STEER, C. R. Managing attention deficit/hyperactivity disorder: unmet needs and future directions. *Archives of Disease in Childhood*, 90:i19-i25. 2006.

STILL, G. F. Some abnormal psychical conditions in children. *Lancet*, 1902, I, 1008-1012, 1077-1082, 1163-1168.

STRAUSS, A. A.; LEHTINEN, L. E. *Psychopathology and education of the brain-injured child*. New York: Grune & Stratton, 1947.

SWANSON, J. M.; FLODMAN. P.; KENNEDY, J.; SPENCE. M. A.; MOYZIS, R.; SCHUCK, S. et al. Dopamine genes and ADHD. *Neurosci Biobehav. Rev.*, 2000, 24:21-5.

TANNOCK, R. ADHD with anxiety disorders. ADHD comorbities: handbook for ADHD complications in children and adults. In: BROWN, T. E. (ed.). *American Psychiatric Publishing*, Inc. 2009:131-155.

THAPAR, A.; HOLMES, J.; POULTON, K.; HARRINGTON, R. Genetic basis of attention-deficit and hyperactivity. *Br. J. Psychiatry*, 1999, 174: 105-111.

TRAMONTINA, S.; SCHMITZ, M.; POLANCZYK, G.; ROHDE, L. A. Juvenile bipolar disorder in Brazil: clinical and treatment findings. *Biol. Psychiatry*, 53: 1043-1049, 2003.

WECHSLER, D. Escala de Inteligência Wechsler para crianças. 3. ed. Padronização brasileira: Vera L. M. Figueiredo. São Paulo: Casa do Psicólogo, 2002.

WEISS, M. D.; WEISS, J. R. A guide to the treatment of adults with ADHD. *J. Clin. Psychiatry*, 2004, 65, Suppl 3: 27-37.

WENDER, P. H. *Minimal brain dysfunction*. New York: Wiley, 1971.

WENDER, P. H.; WOLF, L. E.; WASSERSTEIN, J. Adults with ADHD. An overview. *Ann. N. Y. Acad. Sci.*, 2001, 931: 1-16.

WILENS, T. E. Attention-deficit/hyperactivity disorder and the substance use disorders: the nature of the relationship, subtypes at risk, and treatment issues. *Psychiatr Clin. North Am.*, 2004, 27(2): 283-301.

WILENS, T. E.; BIERDEMAN, J.; BOWN, S.; TANGUAY, S.; MONUTEAUX, M. C.; BLAKE, C. Psychiatric comorbidity and funtionig in clinically-referred preschool children and scholl-age youth with ADHD. *Child and Journal of the American Academy of Adolescent Psychiatry*, 2002, 41:262-268.

WILENS, T. E.; DODSON, W. A clinical perspective of attention-deficit/hyperactivity disorder into adulthood. *J. Clin. Psychiatry*, 2004, 65(10): 1301-13.

WILENS, T. E.; SPENCER, T. J. The stimulants revisited. *Child Adolesc. Psychiatr Clin. N. Am.*, 2003, 9: 573-603.

WOOD, D. R.; REIMHERR, F. W.; WENDER, P. H.; JOHNSON, G. E. Diagnosis and treatment of minimal brain dysfunction in adults: a preliminary report. *Archives of General Psychiatry*, 1976, 33: 1453-1460.

**GRÁFICA PAYM**
Tel. [11] 4392-3344
paym@graficapaym.com.br